教科書ワーク もくじ

教育出版版 かん字2年

【イラスト】artbox、かつまたひろこ、クリエイティブ・ノア、小山敬子、みやもとかずみ

ことばと であおう

きほんのワーク

つづけて みよう ――日記

◆「よみかた」の 赤い 字は きょうかしょで つかわれて いる よみです。
は まちがえやすい 漢字《かん》です。

きょうかしょ 上10～11ページ

べんきょうした日 月 日

つづけて みよう ――日記

10ページ

書 ひらび

書（つき出す・ながく）

よみかた
ショ
かく

つかいかた
書名《しょめい》・図書《としょ》
字を書《か》く

10かく

ちゅうい！

「書」の 書きじゅん。
「書 書 書 書 書 書 書 書 書 書」と 書くよ。
六かくめの たての かくに 気を つけよう。

10ページ

記 ごんべん

記（はねる）

よみかた
キ
しるす

つかいかた
日記《にっき》・記《き》ろく
名まえを記《しる》す

10かく

10ページ

活 さんずい

活（つける）

よみかた
カツ
―

つかいかた
生活《せいかつ》・活《かつ》やく

9かく

漢字の いみ

「活」の いみ。
「活」は 生き生きと して いる 様子《よう》を あらわす 漢字だよ。くらすことや、生きることと いう いみでも つかうよ。

二かいずつ 書いて れんしゅうしよう

書く
生活

10ページ

曜　ひへん

よみかた
ヨウ
―

つかいかた
日曜日《にちようび》・金曜日《きんようび》

18かく

「曜」の 書きじゅん。

「曜」のように かくすうが おおい 漢字は とくに 書きじゅんに 気を つけよう。はらう ところなど こまかい ところに ちゅういして 書こうね。

10ページ

朝　つき

よみかた
チョウ
あさ

つかいかた
朝食《ちょうしょく》・早朝《そうちょう》
朝《あさ》ごはん・朝日《あさひ》

12かく

「朝」の いみ。

「朝」は、よるが あけてから おひるまでの じかんの ことだよ。朝ごはんを たべたり、かおを あらったり、朝に する ことは いろいろ あるね。

11ページ

友　また

よみかた
ユウ
とも

つかいかた
友人《ゆうじん》・親友《しんゆう》
友《とも》だち・友《とも》ができる

4かく

「友」の できかた。

手と 手を あわせた かたちから できた 漢字だよ。

二かいずつ 書いて れんしゅうしよう

日曜日

朝ごはん

友だち

ものしりメモ
「朝」の かたちに 気を つけよう。左がわの 「𠦝」を 「車」に しないでね。また、はんたいの いみを もつ 漢字は、「夕」だよ。いっしょに おぼえよう。

れんしゅうのワーク

つづけて みよう ―日記

きょうかしょ 上10～11ページ
こたえ 1ページ

べんきょうした日　月　日

1 あたらしい 漢字《かん》を よみましょう。

① 10ページ ノートに 書（　）く。

② 日記（　）を つける。

③ まいにちの 生活（　）。

④ 日曜日（　）の できごと。

⑤ 朝（　）早く おきる。

⑥ 友（　）だちと あそぶ。

⑦ 記（　）ろくが のびる。

⑧ せかいで 活（　）やくする。

ここから はってん

✿⑨ 書名（　）を しらべる。

✿⑩ ことばを 記（　）す。

✿⑪ 早朝（　）に さんぽする。

✿⑫ 友人（　）と 出かける。

2 あたらしい 漢字を かきましょう。〔　〕は、ひらがなも かきましょう。

① 10ページ 字を 〔　〕《かく》。

② □□《にっき》を よむ。

③ □□《せいかつ》を ふりかえる。

✿の 漢字は 新《しん》出漢字の べつの よみかたです。

④ □□□《にちようび》に　いく。

⑤ □《あさ》六じに　おきる。

⑥ □《とも》だちと　やくそくする。

⑦ しあいで　□《かつ》やくする。

ここから はってん

✿⑧ ノートに　□《しる》す。

✿⑨ □□《そうちょう》に　はしる。

✿⑩ □□《ゆうじん》と　はなす。

3 漢字で　かきましょう。（〰は、ひらがなも　かきましょう。ふとい　字は、この　かいで　ならった　漢字を　つかった　ことばです。）

① さくぶんを　かく。

② なつやすみの　にっき。

③ きそくただしい　せいかつ。

④ にちようびの　てんき。

⑤ あさ、めが　さめる。

⑥ ともだちと　てを　つなぐ。

きほんのワーク

一 とうじょう人物《ぶつ》の した ことに 気を つけて 読もう

はるねこ
ひろい 公園

きょうかしょ 上16～36ページ

べんきょうした日　月　日

はるねこ

◆「読みかた」の 赤い 字は きょうかしょで つかわれて いる 読みです。
（マーク）は まちがえやすい 漢《かん》字です。

通（16ページ）

しんにょう
しんにゅう
通

はねる　一かく　つき出す

読みかた
ツウ・（ツ）
とおる・とおす
かよう

つかいかた
一通《いっつう》・通学《つうがく》・車が 通《とお》る
見通《みとお》す・みせに 通《かよ》う

10かく

「通」の いみ。
「⻌」は、みちや すすむ ことに かんけいの ある 漢字に つくよ。
「通」は、まっすぐ すすんで いくと いう いみだよ。

色（16ページ）

いろ
色

はねる　まげる

読みかた
ショク・シキ
いろ

つかいかた
三色《さんしょく》・色紙《しきし》（いろがみ）
わか草色《くさいろ》・七色《なないろ》（なGしょく）

6かく

思（17ページ）

こころ
思

とめる　まげる　はねる

読みかた
シ
おもう

つかいかた
思考《しこう》・意思《いし》
思《おも》い出す・思《おも》い出

9かく

「思」の できかた。
「田」は、あたまの かたち、「心」は、こころ。
あたまと こころで、よく かんがえる ことを あらわすよ。

今（17ページ）

ひとやね
今

つける　はらう　はらう　よこにかく

読みかた
コン・（キン）
いま

つかいかた
今度《こんど》・今月《こんげつ》・今週《こんしゅう》
今《いま》ごろ・今《いま》すぐ

4かく

声

18ページ

声 さむらい

声（すこしながく・はらう）

読みかた

セイ・(ショウ)

こえ・(こわ)

つかいかた

音声《おんせい》

声《こえ》を出す・大声《おおごえ》

声声声声声声声

7かく

何

19ページ

何 にんべん

何（出す・はねる）

読みかた

(カ)

なに・なん

つかいかた

何《なに》かつくる・何《なに》もない

何人《なんにん》・何年《なんねん》

何何何何何何何

7かく

ちゅうい！

「何」の 書きじゅん。

「何何何何何何何」と 書くよ。

「可」の ぶぶんは、

「一」(よこかく)→「口」(口を 書いて)→

「亅」(たてかく)の じゅんで 書くよ。

言

19ページ

言 げん

言（ながく）

読みかた

ゲン・ゴン

いう・こと

つかいかた

ほう言《げん》・でん言《ごん》・言葉《ことば》

友だちに言《い》う

言言言言言言言

7かく

読

26ページ

読 ごんべん

読（ながく・はねる・はらう・まげる）

読みかた

ドク・トク・トウ

よむ

つかいかた

読書《どくしょ》・読本《とくほん》・読点《とうてん》

本を読《よ》む

読読読読読読読読読読読読読読

14かく

ちゅうい！

「読」の かたち。

○ 読　× 読

「士」の ぶぶんは、上の よこかくを ながく、下の よこかくを みじかく 書くよ。

ひろい 公園

公

32ページ

公 はち

公（あける・はらう・とめる）

読みかた

コウ

(おおやけ)

つかいかた

公園《こうえん》・公平《こうへい》・しゅ人公《じんこう》

公公公公

4かく

二かいずつ 書いて れんしゅうしよう

何か　読む

ものしりメモ 「通る」は 「とおる」と 読むよ。「とうる」では ないよ。「通う」は 「かよう」だよ。読みかたに 気を つけよう。

32ページ 園

園 くにがまえ

園（ながく・とめる・はらう）

読みかた

エン

（その）

つかいかた

公園《こうえん》・ほいく園《えん》

どうぶつ園《えん》

13かく

34ページ 聞

聞 みみ

聞（つき出さない・とめる・はねる）

読みかた

ブン・（モン）

きく・きこえる

つかいかた

新聞《しんぶん》・音を聞《き》く

声が聞《き》こえる

14かく

34ページ 話

話 ごんべん

話（つける）

読みかた

ワ

はなす・はなし

つかいかた

会話《かいわ》・電話《でんわ》

話《はな》しあう・むかし話《ばなし》

13かく

ちゅうい！

「話」の 読みかた。

「話す」の ときは 「はなす」

「お話」の ときは 「おはなし」

読みかたが ちがうね。

34ページ 汽

汽 さんずい

汽（はねる）

読みかた

キ

—

つかいかた

汽車《きしゃ》・汽船《きせん》

汽《き》てき

7かく

34ページ 星

星 ひ

星（つき出す・ひらたく・ながく）

読みかた

セイ・（ショウ）

ほし

つかいかた

火星《かせい》・水星《すいせい》

星《ほし》を見る・星空《ほしぞら》

9かく

36ページ 同

同 くち

同（とめる・はねる）

読みかた

ドウ

おなじ

つかいかた

同時《どうじ》・同点《どうてん》

同《おな》じもの

6かく

あたらしい 読みかたを おぼえる 漢字《かん》

23ページ	28	28	30
今 コン	通 とおす	読 ドク	言 こと
今度《こんど》	見通《みとお》す	音読《おんどく》	言葉《ことば》

ものしりメモ 「汽」の 右がわの ぶぶんは、「气」と 書くよ。「気」と しないように しよう。

れんしゅうのワーク　はるねこ　ひろい公園

1　あたらしい　漢字《かん》を　読みましょう。

① 16ページ 一通（　　）の　手がみ。

② わか草色（　　）の　ふくろ。

③ できごとを　思（　　）い出す。

④ きょねんの　今（　　）ごろ。

⑤ 声（　　）が　きこえる。

⑥ 何（　　）かを　さがす。

⑦ ねこが　言（　　）う。

⑧ 今度《ど》（　　）は　虫を　つくる。

⑨ つづきを　読（　　）む。

⑩ 見通（　　）しを　もつ。

⑪ 音読（　　）する。

⑫ 言葉《ば》（　　）に　せんを　ひく。

⑬ 32ページ 公園（　　）で　あそぶ。

⑭ しつもんを　聞（　　）く。

⑮ 友だちと　話（　　）しあう。

⑯ 汽車（　　）を　うんてんする。

⑰ 星（　　）の　ついた　ぼうし。

⑱ 同（　　）じ　かたち。

きょうかしょ　上16～36ページ
こたえ　1ページ

べんきょうした日　　月　　日

⑲ いっしょに（通学）する。

⑳ ひもを（通）す。

㉑ まいにち（読書）する。

㉒ 友だちと（話）す。

ここから はってん

✿㉓ （三色）の えのぐ。

✿㉔ （音声）が 出ない。

✿㉕ （読点《てん》）を うつ。

✿㉖ （新《しん》聞）を とりに いく。

✿㉗ （電《でん》話）を かける。

✿㉘ たくさん（話）を する。

✿㉙ （火星）を 見る。

✿㉚ （同点《てん》）に なる。

2 あたらしい 漢字《かん》を かきましょう。（　）は、ひらがなも かきましょう。

① 16ページ □□《いっつう》の はがき。

② わか草 □《いろ》の くつ。

③ ふと（　　）《おもい》出す。

④ あすの □《いま》ごろ。

⑤ 大きな □《こえ》を 出す。

⑥ □《なに》か おとが する。

⑦ みんなに（　　）《いう》。

⑧ □《こん》度《ど》は ぼくの ばんだ。

⑨ 本を（　　）《よむ》。

✿の 漢字は 新《しん》出漢字の べつの 読みかたです。

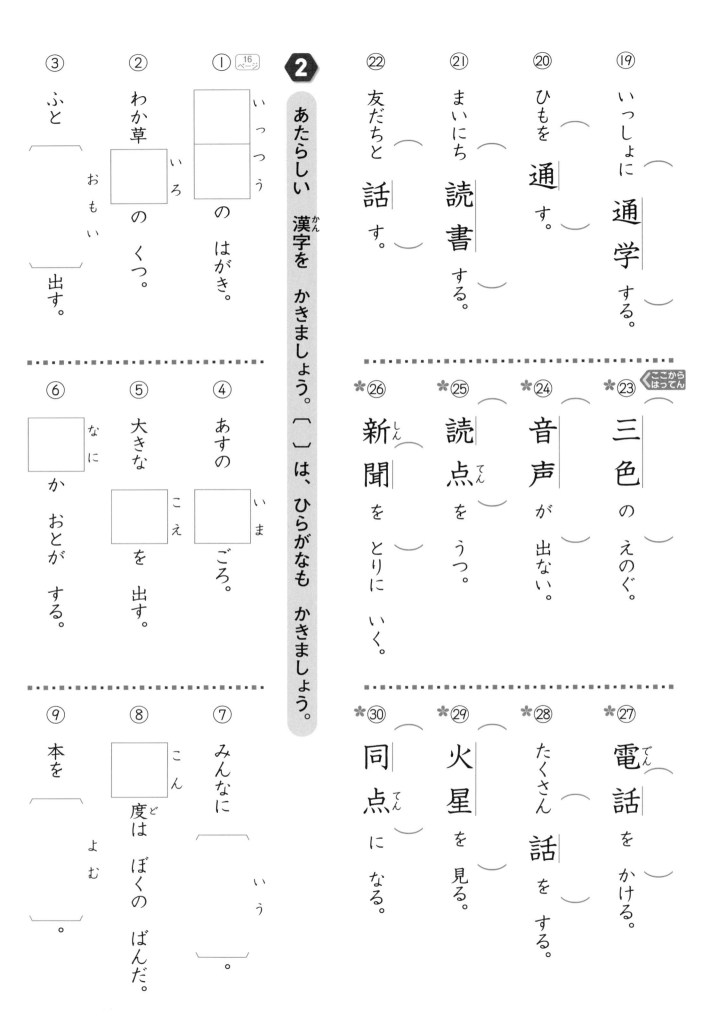

⑩ 先を［　　］《みとおす》。

⑪ ［　　］《おんどく》の れんしゅう。

⑫ ［　］《こと》葉《ば》の いみ。

⑬ 32ページ ［　　］《こうえん》の ベンチ。

⑭ 友だちに［　　］《きく》。

⑮ 五人で［　　］《はなし》あう。

⑯ ［　　］《きしゃ》に のる。

⑰ ［　］《ほし》が ひかる。

⑱ ［　　］《おなじ》花。

⑲ バスで［　　］《つうがく》する。

ここから はってん

⑳ いえで［　　］《どくしょ》する。

✿㉑ ［　　］《おんせい》が きこえる。

✿㉒ 新［　］《ぶん》を よむ。

✿㉓ 電［　］《わ》ばんごう。

✿㉔ 友だちの［　］《はなし》。

3 漢字で かきましょう。（～～は、ひらがなも かきましょう。ふとい 字は、この かいで ならった 漢字を つかった ことばです。）

① ちいさい **こえ**で はなす。

［　　　　］

② **こうえん**の **なか**に はいる。

［　　　　］

③ **あめ**の **おと**を きく。

［　　　　］

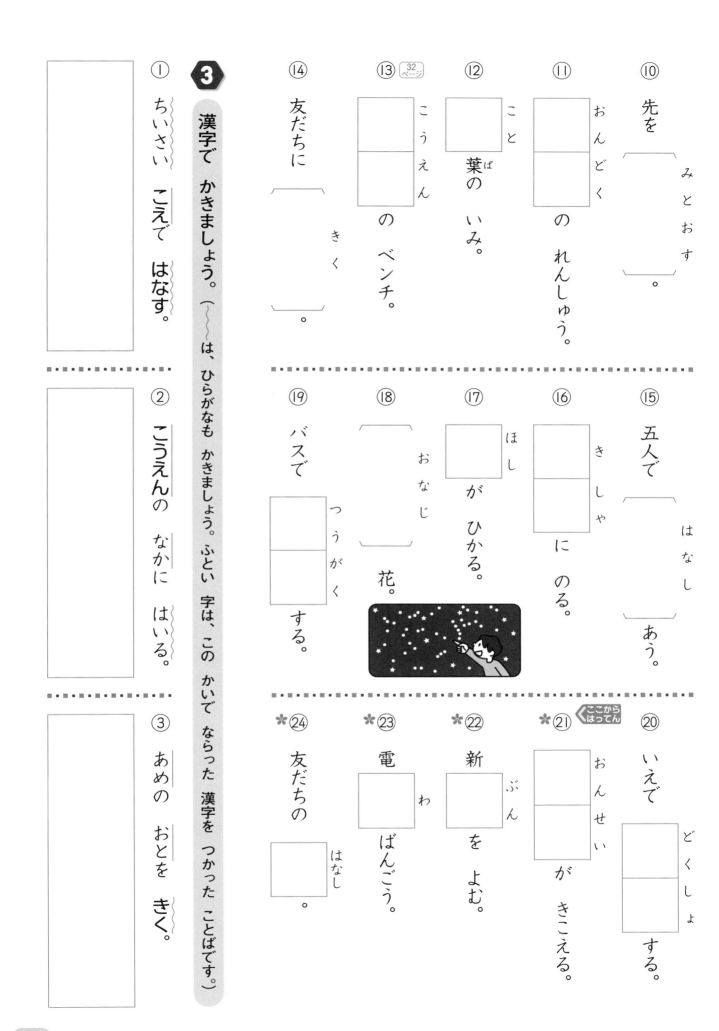

きほんのワーク

言葉《ば》の 文化《か》① 回文を たのしもう／漢字《かん》の ひろば① 画と 書きじゅん／一年生で 学んだ 漢字①

きょうかしょ 上37～40ページ

べんきょうした日　月　日

言葉の 文化① 回文を たのしもう

37ページ

回（くにがまえ）
さいごにかく

読み方：カイ・(エ)　まわる・まわす

つかい方：回文《かいぶん》・回数《かいすう》・一回《いっかい》　目が回《まわ》る・ふたを回《まわ》す

6画

「回」の できかた。

↓ 回

くるくる 回る 様子《ようす》を あらわす かたちから できた 漢字だよ。

漢字の ひろば① 画と 書きじゅん

38ページ

画（た）
つき出さない　一かく

読み方：ガ・カク　―

つかい方：図画《ずが》・画用紙《がようし》　漢字の画《かく》・計画《けいかく》

8画

38ページ

会（ひとやね）
つける　はらう　ながく　とめる

読み方：カイ・(エ)　あう

つかい方：あそぶ会《かい》・うんどう会《かい》　人に会《あ》う

6画

38ページ

線（いとへん）
はらう　はらう　とめる　はねる

読み方：セン　―

つかい方：線《せん》をひく　線《せん》ろ・電線《でんせん》

15画

38ページ

数（ぼくづくり・のぶん）
あける　すこし出す　はらう　とめる

読み方：スウ・(ス)　かず・かぞえる

つかい方：画数《かくすう》・数字《すうじ》　数《かず》を数《かぞ》える

13画

◆「読み方」の 赤い 字は きょうかしょで つかわれて いる 読みです。

38ページ

点 れんが れっか

点

てんのむき

読み方

テン

—

点点点点点点点点点

つかい方

くろい点《てん》・点数《てんすう》・百点《ひゃくてん》

9画

38ページ

馬 うま

馬

はじめにかく
はねる
てんのむき

読み方

バ

うま・ま

馬馬馬馬馬馬馬馬馬馬

つかい方

馬車《ばしゃ》・木馬《もくば》

白い馬《うま》・ぐん馬《ま》けん

10画

「馬」の 書きじゅん。

「馬 馬 馬 馬 馬 馬 馬 馬 馬 馬」

と 書くよ。

はじめに 左の たて画を 書こう。

ちゅうい!

39ページ

方 ほう

方

まっすぐ
はらう
はねる

読み方

ホウ

かた

方方方方

つかい方

方《ほう》ほう・右の方《ほう》

書き方《かた》・やり方《かた》

4画

39ページ

工 え たくみ

工

つき出さない
ながく

読み方

コウ・ク

—

工工工

つかい方

工作《こうさく》・工場《こうじょう》（こうば）

大工《だいく》さん

3画

39ページ

羽 はね

羽

はねる

読み方

（ウ）

は・はね

羽羽羽羽羽羽

つかい方

羽子《はご》いた・羽《は》ばたく

とりの羽《はね》・きれいな羽《はね》

6画

「羽」の でき方。

↓

羽

とりの はねの かたちから できた 漢字だよ。

でき方

あたらしい 読み方を おぼえる 漢字

38ページ	数《かず》
	数《かず》
38	数《スウ》
	画数《かくすう》

ものしりメモ

「方」の 書きじゅんに 気を つけよう。「方 方 方 方」と 書くよ。三画めに ちゅうい しよう。正しい 書きじゅんで 書くと きれいに 書けるよ。

れんしゅうのワーク

言葉《ば》の 文化《か》① 回文を たのしもう
漢字《かん》の ひろば① 画と 書きじゅん／一年生で 学んだ 漢字①

きょうかしょ ㊤37～40ページ

こたえ 1ページ

べんきょうした日 月 日

1 あたらしい 漢字を 読みましょう。

① 37ページ 回文（　　）を たのしむ。

② 38ページ 漢字の 画（　　）。

③ 一年生と あそぶ 会（　　）。

④ 線（　　）を 書く。

⑤ 人を 数（　　）える。

⑥ 点（　　）を うつ。

⑦ 数（　　）を 足す。

⑧ 画数（　　）を たしかめる。

⑨ 馬（　　）に のる。

⑩ 漢字の 書き方（　　）。

⑪ 工作《さく》（　　）を する。

⑫ とりが 羽（　　）を ひろげる。

⑬ 手を 一回（　　） たたく。

⑭ りょこうの 計《けい》画（　　）。

ここから はってん

✿⑮ くるりと 回（　　）る。

✿⑯ 画用《よう》紙《し》（　　）に かく。

✿⑰ 友だちに 会（　　）う。

✿⑱ 馬車（　　）に のる。

✿の 漢字は 新《しん》出漢字の べつの 読み方です。

＊⑲ みんなの 方（　　）を 見る。

＊⑳ 大工（　　）さんに なりたい。

＊㉑ 大きく 羽（　　）ばたく。

2 あたらしい 漢字を 書きましょう。〔　〕は、ひらがなも 書きましょう。

① 37ページ □□《かいぶん》を つくる。

② 38ページ 「土」は 三 □《かく》で 書く。

③ あそぶ □《かい》を ひらく。

④ □《せん》を ひく。

⑤ 百まで 〔　　　〕《かぞえる》。

⑥ ぶんに □《てん》を うつ。

⑦ コップの □《かず》。

⑧ 漢字の □□《かくすう》。

⑨ 白い □《うま》が はしる。

⑩ 書き □《かた》を ならう。

⑪ □《こう》作の 時間《じかん》。

⑫ くじゃくの □《はね》。

ここから はってん

＊⑬ こまが □《まわ》る。

＊⑭ □《が》用紙に はる。

＊⑮ おばさんに □《あ》う。

＊⑯ かぼちゃの □□《ばしゃ》。

＊⑰ 友だちの □《ほう》を むく。

＊⑱ □□《だいく》さんの しごと。

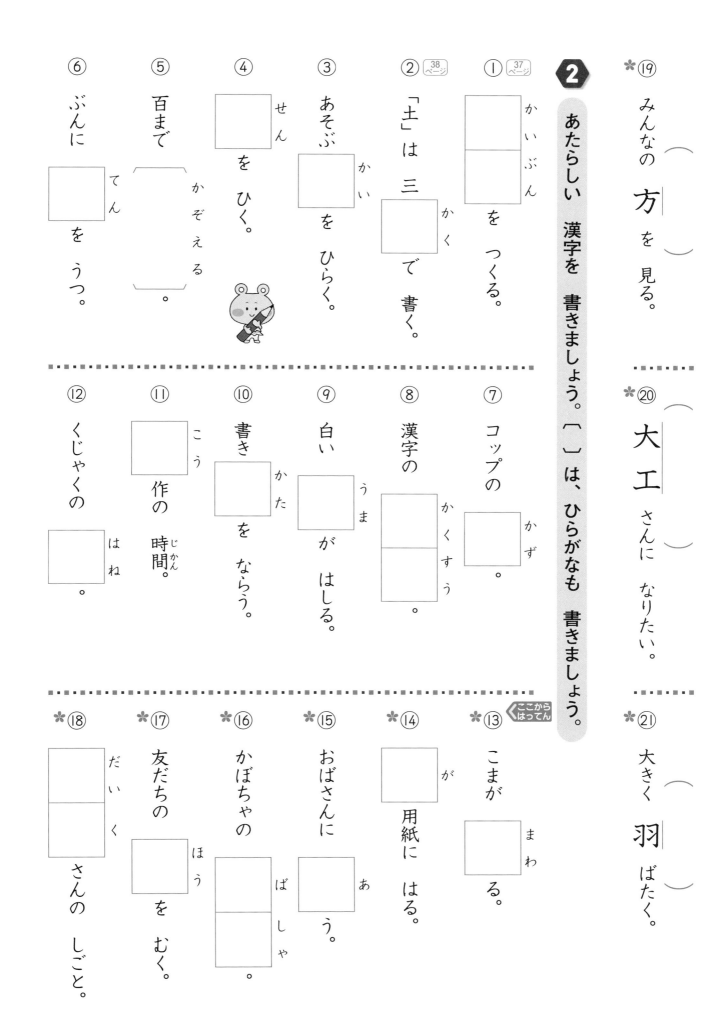

3 一年生で学んだ漢字

いちねんせいで ならった 漢《かん》字を 書きましょう。〔　〕は、ひらがなも 書きましょう。

① □□《にゅうがく》しきの 日。

② □□□《いちねんせい》に なる。

③ □《な》まえを よぶ。

④ □□《がっこう》に 行く。

⑤ □□《せんせい》に 聞く。

⑥ □《ひ》が もえる。

⑦ 大きな □《かい》がら。

⑧ □《かわ》が ながれる。

⑨ □《き》の そばに すわる。

⑩ □《みず》を のむ。

⑪ □《むし》を つかまえる。

⑫ よこに 〔　　〕《たつ》。

⑬ □《つち》を ほる。

⑭ たくさん □《いし》が ある。

⑮ お□□《しょうがつ》が くる。

⑯ □《たま》を ころがす。

⑰ け□《いと》で あむ。

⑱ ゆきの 色は □《しろ》だ。

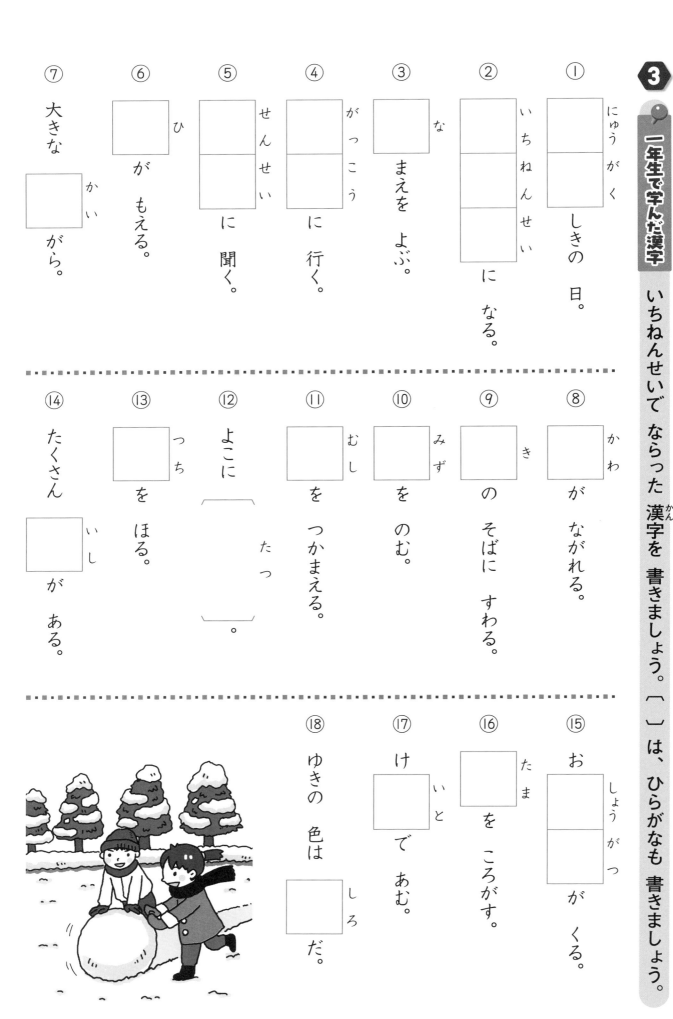

きほんのワーク

すみれと あり かんさつ発《はっ》見カード

きょうかしょ 上42～53ページ

べんきょうした日 月 日

◆「読み方」の 赤い 字は きょうかしょで つかわれて いる 読みです。

（マーク）は まちがえやすい 漢《かん》字です。

すみれと あり

42ページ

春（ここでつける／ながく／はらう／はらう）

春 ひ

読み方：シュン　はる

つかい方：立春《りっしゅん》・春夏秋冬《しゅんかしゅうとう》　春《はる》になる・春先《はるさき》

9画

春春春春春春春春春

「春」の おぼえ方。

春

「三」＋「人」＋「日」と 書くよ。

「三人が 日に あたる 春」と おぼえよう。

42ページ

道（ながく／一かく）

しんにょう　しんにゅう　道

読み方：ドウ・（トウ）　みち

つかい方：道《どう》ろ・水道《すいどう》　道《みち》ばた・ひろい道《みち》

12画

道道道道道道道道道道道道

42ページ

高（まっすぐ／とめる／はねる）

高 たかい

読み方：コウ　たかい・たか　たかまる・たかめる

つかい方：高学年《こうがくねん》・高《たか》いビル　気分《ぶん》が高《たか》まる

10画

高高高高高高高高高高

「高」の いみ。

「高い」は、声や 音が 大きい ときに つかうだけでは なく、ばしょや ものが 上の 方に ある ときや、お金が おおく いる ときにも つかうよ。

二回ずつ 書いて れんしゅうしよう

春の花

道ばた

43ページ

近

近　しんにょう　しんにゅう

とめる
一かく

読み方

キン
ちかい

つかい方

近所《きんじょ》・遠近《えんきん》
近《ちか》くにある・近道《ちかみち》

7画

近 近 近 近 近 近 近 近 近

おぼえよう!

「辶」の つく 漢《かん》字。
「辶」は、「いく」「すすむ」に かんけいの ある 漢字に つくよ。
「辶」の つく 漢字…道 近 通 など。

43ページ

地

地　つちへん

ながく
はねる
まげる

読み方

チ・ジ
――

つかい方

地図《ちず》・大地《だいち》・土地《とち》
地面《じめん》・地《じ》しん

6画

地 地 地 地 地 地 地 地

ちゅうい!

「地」の 読み方。
地面　○ じめん　× ぢめん

44ページ

自

自　みずから

読み方

ジ・シ
みずから

つかい方

自分《じぶん》・自動車《じどうしゃ》
自《し》ぜん・自《みずか》らうごく

6画

自 自 自 自 自 自 自 自

44ページ

分

分　かたな

あける
はらう
つき出さない
はらう
はねる

読み方

ブン・フン・ブ
わける・わかれる
わかる・わかつ

つかい方

分校《ぶんこう》・二分間《にふんかん》・五分《ごふん》(ごぶ)
三つに分《わ》ける

4画

分 分 分 分 分 分

ちゅうい!

「分」の かたち。
分
「𠆢」では なく 「八」
「力」では なく 「刀」

二回ずつ 書いて れんしゅうしよう

近い
自分

かんさつ発見《はっけん》カード

45ページ

外　たゆうべ

外（つき出さない・とめる）

読み方
ガイ・（ゲ）
そと・ほか
はずす・はずれる

つかい方
外出《がいしゅつ》・外《そと》に出る
思いの外《ほか》・町外《まちはず》れ

5画

外 外 外 外 外

「外」の かたち。
かたかなの 「ト」に にた かたち。
かたかなの 「タ」に にた かたち。
「タチツテそトに 出よう」と おぼえよう。

おぼえよう!

50ページ

形　さんづくり

形（ながく・はらう・とめる）

読み方
ケイ・ギョウ
かた・かたち

つかい方
三角形《さんかっけい（さんかくけい）》・人形《にんぎょう》
ひし形《がた》・ものの形《かたち》

7画

形 形 形 形 形 形 形

「形」の 形。
右がわの 「彡」は、右上から 左下に むかって はらうよ。
二画めを ながく、四画めは とめるよ。

ちゅうい!

51ページ

黄　き

黄（ながく・つき出す）

読み方
（コウ）・オウ
き・（こ）

つかい方
黄金《おうごん》・黄土色《おうどいろ》
黄色《きいろ》い花

11画

黄 黄 黄 黄 黄 黄 黄 黄 黄 黄 黄

「黄」の 形。
○ 黄　× 黄
まん中の 部分《ぶ》は 「田」では なく、「由」と 書くよ。
気を つけようね。

ちゅうい!

二回ずつ 書いて れんしゅうしよう

村の外
形や数
黄色

ものしりメモ
「自」(ジ)と 「白」(しろ)と 「百」(ヒャク)は、形が にているね。よこ画の 数や 書く ばしょを よく 見て 書こう。

れんしゅうのワーク すみれと あり かんさつ発見《はっ》カード

きょうかしょ 上 42〜53ページ

こたえ 2ページ

べんきょうした日　月　日

1 あたらしい 漢字《かん》を 読みましょう。

① 42ページ 春（　　）の 花が さく。

② 道（　　）ばたの すみれ。

③ 高（　　）い 石がき。

④ 近（　　）くに ある。

⑤ 地面《めん》（　　）に おちる。

⑥ 自分（　　）の すむ ところ。

⑦ すの 外（　　）に すてる。

⑧ 50ページ はっぱの 形（　　）を 見る。

⑨ 黄色（　　）い 花が さく。

✿⑩ ここから はってん 水道（　　）の 水。

✿⑪ 近所《じょ》（　　）に あいさつする。

✿⑫ 大地（　　）に たねを まく。

✿⑬ 二つに 分（　　）ける。

✿⑭ ひるすぎに 外出（　　）する。

✿⑮ ひな 人形（　　）を かざる。

2 あたらしい 漢字を 書きましょう。〔　〕は、ひらがなも 書きましょう。

✿の 漢字は 新《しん》出漢字の べつの 読み方です。

① (42ページ) □《はる》が くる。

② □《みち》ばたに はなが さく。

③ 〔　　〕《たかい》 ばしょ。

④ えきまで 〔　　〕《ちかい》。

⑤ □《じ》面が ぬれる。

⑥ □□《じぶん》で はこぶ。

⑦ □《そと》に 出る。

⑧ (50ページ) まるい □《かたち》に きる。

⑨ □□《きいろ》の ぼうし。

✿⑩ ここから はってん □□《すいどう》の じゃロ。

✿⑪ □《きん》所の みせ。

✿⑫ なかよく □《わ》ける。

✿⑬ きせかえ □□《にんぎょう》。

3 漢字で 書きましょう。（〜〜は、ひらがなも 書きましょう。ふとい 字は、この 回で ならった 漢字を つかった 言葉《ば》です。）

① **はる**の **はな**の **なまえ**。

② **みち**ばたに ある **いし**。

③ **じぶん**の いえに ちかい。

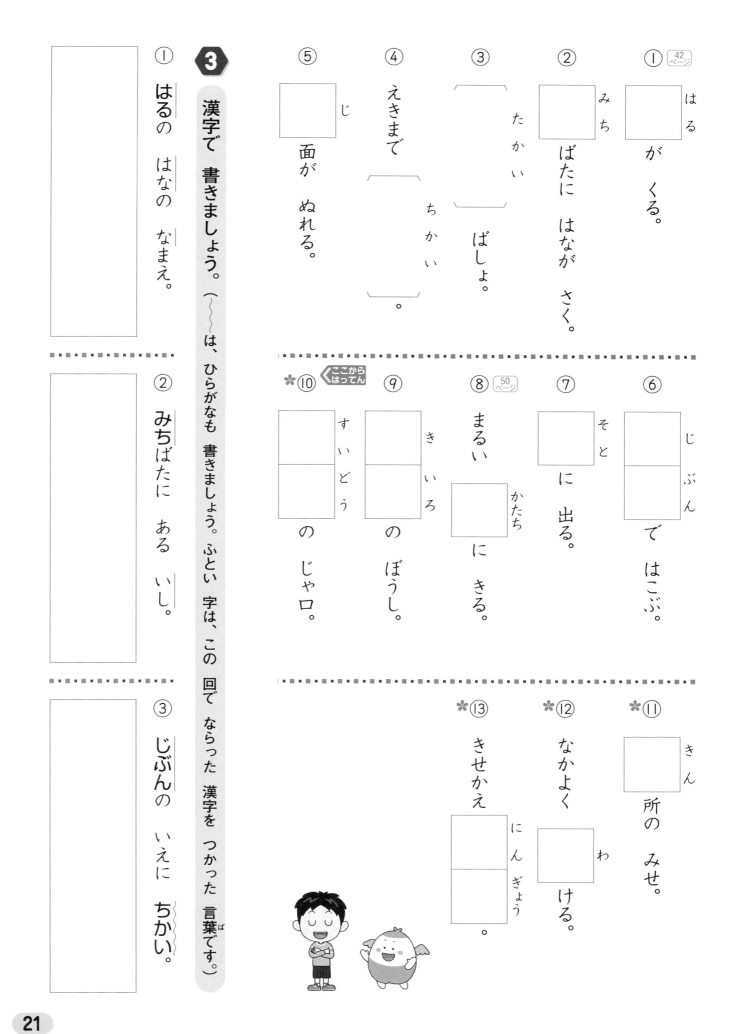

三　本で　しらべて　しょうかいしよう

きほんのワーク

言葉《ば》の　ひろば①　かたかなで　書く　言葉
読書の　ひろば①　本で　しらべよう／「生きものクイズ」で　しらせよう

きょうかしょ　上56～65ページ

べんきょうした日　月　日

◆「読み方」の　赤い　字は　きょうかしょで　つかわれて　いる　読みです。
は　まちがえやすい　漢字《かん》です。

言葉の　ひろば①　かたかなで　書く　言葉

56ページ
国　くにがまえ
（わすれない・ながく）
読み方　コク　くに
つかい方　外国《がいこく》・国語《こくご》　へいわな国《くに》
8画
国国国国国国国国

ちゅうい！
「国」の　書きじゅん。
「国国国国国」と　書くよ。
「玉」を　書いてから、さいごに
下の　よこ画を　書こう。

56ページ
前　りっとう
（とめる・はねる）
読み方　ゼン　まえ
つかい方　前日《ぜんじつ》・午前《ごぜん》　名前《なまえ》・前《まえ》をむく
9画
前前前前前前前前前

57ページ
絵　いとへん
（つける・はらう・はらう・ながく・とめる）
読み方　カイ・エ
つかい方　絵画《かいが》・絵《え》を見る・絵本《えほん》
12画
絵絵絵絵絵絵絵絵絵絵絵絵

でき方
「絵」の　でき方。
糸＋会
「糸」（いと）と「会」（あつめる）。
ししゅうや　えを　あらわすよ。

二回ずつ　書いて　れんしゅうしよう
外国　名前

読書の ひろば① 本で しらべよう

58ページ

図

くにがまえ

はらう　とめる

読み方

ズ・ト
（はかる）

つかい方

地図《ちず》・図《ず》かん
図書館《としょかん》

7画

「図」の 書きじゅん。
「図図図図図図図」と
書くよ。
「図」の ところに 気を つけよう。

ちゅうい!

「生きものクイズ」で しらせよう

62ページ

作

にんべん

すこしみじかく　とめる

読み方

サク・サ
つくる

つかい方

作文《さくぶん》・工作《こうさく》・動作《どうさ》
パンを作《つく》る・手作《てづく》り

7画

63ページ

週

しんにょう
しんにゅう

はねる　一かく　はらう

読み方

シュウ
—

つかい方

一週間《いっしゅうかん》・今週《こんしゅう》
毎週《まいしゅう》・週《しゅう》まつ

11画

63ページ

間

もんがまえ

はねる　とめる

読み方

カン・ケン
あいだ・ま

つかい方

時間《じかん》・三日間《みっかかん》・人間《にんげん》
その間《あいだ》・すき間《ま》

12画

64ページ

答

たけかんむり

つける　はらう

読み方

トウ
こたえる・こたえ

つかい方

回答《かいとう》・といに答《こた》える
答《こた》えを言う

12画

「答」の 形。
答　「⺮」＋「合」だよ。
「⺮」の さいごの 一画は はねないよ。

ちゅうい!

二回ずつ 書いて れんしゅうしよう

作る

一週間

ものしりメモ　「図書」は 「としょ」、「地図」は 「ちず」と 読むよ。「図」の 読み方に 気を つけよう。

れんしゅうのワーク

言葉《ば》の ひろば① かたかなで 書く 言葉
読書の ひろば① 本で しらべよう／「生きものクイズ」で しらせよう

きょうかしょ 上56～65ページ
答え 2ページ

べんきょうした日　月　日

1 あたらしい 漢字《かん》を よみましょう。

① 56ページ （　　）外国から きた 言葉。

② 人の （　　）名前。

③ （　　）絵を 見る。

④ 58ページ （　　）図書館《かん》の 本。

⑤ 62ページ クイズを （　　）作る。

⑥ （　　）一週間 たつ。

⑦ もんだいと （　　）答え。

⑧ （　　）今週の よてい。

ここから はってん

✿⑨ せかいの （　　）国を しらべる。

✿⑩ （　　）地図を 見る。

✿⑪ （　　）作文を かく。

✿⑫ （　　）人間と どうぶつ。

✿⑬ パンの （　　）間に はさむ。

✿⑭ アンケートの （　　）回答。

2 あたらしい 漢字を かきましょう。〔　〕は、ひらがなも かきましょう。

✿の 漢字は 新出《しん》漢字の べつの 読み方です。

① 56ページ □□《がいこく》の 町。

② □□《なまえ》を 聞く。

③ ねこの □《え》を かく。

④ 58ページ 大きな □□《としょ》館。

⑤ 62ページ こめを 〔　　〕《つくる》。

⑥ □□□《いっしゅうかん》 かかる。

⑦ クイズの 〔　　〕《こたえ》。

ここから はってん

✿⑧ せかい中の □《くに》に いく。

✿⑨ □□《ちず》で しらべる。

✿⑩ □□《さくぶん》の かき方。

✿⑪ □□《にんげん》の からだ。

✿⑫ 木と 木の □《あいだ》。

3 **漢字で かきましょう。**（〜〜は、ひらがなも かきましょう。ふとい 字は、この 回で ならった 漢字を つかった 言葉です。）

① **がいこく**の ひとの **なまえ**。

② **としょ**かんで ほんを よむ。

③ **いっしゅうかん**で つくる。

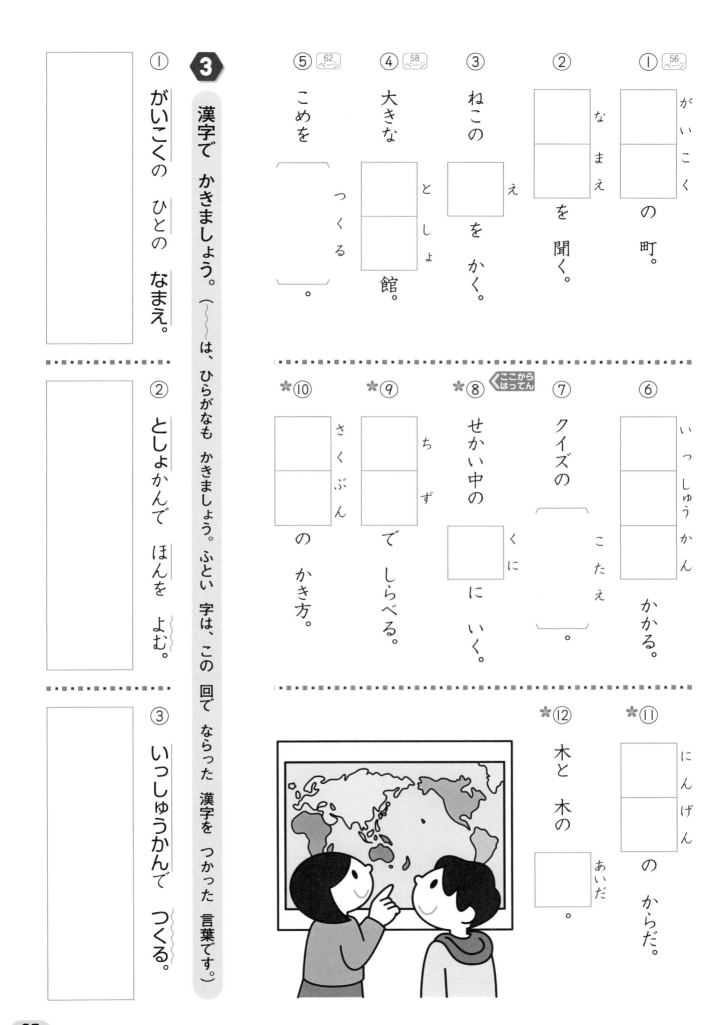

きほんのワーク

漢字《かん》の ひろば② なかまの 言葉《ば》と 漢字
言葉の ひろば② 「言葉のなかまさがしゲーム」を しよう

きょうかしょ 上66～70ページ

べんきょうした日　月　日

漢字の ひろば② なかまの 言葉と 漢字

◆「読み方」の 赤い 字は きょうかしょで つかわれて いる 読みです。
（マーク）は まちがえやすい 漢字です。

66ページ

昼　ひ

（つける・はらう・はらう・ながく）

読み方
チュウ
ひる

つかい方
昼食《ちゅうしょく》
昼《ひる》と夜《よる》・昼間《ひるま》

9画

66ページ

夜　た　ゆうべ

（まっすぐ・はらう）

読み方
ヤ
よ・よる

つかい方
今夜《こんや》・十五夜《じゅうごや》
夜中《よなか》・月の夜《よ》

8画

一日を あらわす 漢字。
朝《あさ》ー昼《ひる》ー夜《よる》
ひとまとめに して おぼえようね。

66ページ

親　みる

（まっすぐ・みじかくとめる・はねる・とめる・まげる）

読み方
シン
おや
したしい・したしむ

つかい方
親友《しんゆう》・親《おや》と子
親《した》しい人・絵に親《した》しむ

16画

「親」の おぼえ方。
親　「木の そばに 立って、子どもを 見て いる 親」と おぼえよう。

66ページ

兄　ひとあし　にんにょう

（はらう・はねる・まげる）

読み方
（ケイ）・キョウ
あに

つかい方
兄弟《きょうだい》
わたしの兄《あに》

5画

66ページ

父

父 ちち

父（あける・とめる・はらう）

読み方

フ

ちち

つかい方

父母《ふぼ》

父《ちち》と母《はは》・父《ちち》と話す

4画

父 父 父 父

父 父

66ページ

母

母 なかれ ははのかん はは

母（はねる・とめる）

読み方

ボ

はは

つかい方

母子《ぼし》・父母《ふぼ》

母《はは》の日・母《はは》と話す

5画

母 母 母 母 母

母 母

「母」の 形。

○ 母

× 毋

中に 二つの 点を 書くよ。書きじゅんにも ちゅういしてね。

ちゅうい！

66ページ

姉

姉 おんなへん

姉（すこし出す・まっすぐ・はねる・とめる）

読み方

（シ）

あね

つかい方

姉《あね》と妹《いもうと》・わたしの姉《あね》

8画

姉 姉 姉 姉 姉 姉 姉 姉

姉 姉

66ページ

弟

弟 ゆみ

弟（はらう・とめる・はねる）

読み方

（テイ）・ダイ・（デ）

おとうと

つかい方

兄弟《きょうだい》

わたしの弟《おとうと》

7画

弟 弟 弟 弟 弟 弟 弟

弟 弟

66ページ

妹

妹 おんなへん

妹（すこし出す・ながく・とめる・はらう）

読み方

（マイ）

いもうと

つかい方

妹《いもうと》がいる

わたしの妹《いもうと》

8画

妹 妹 妹 妹 妹 妹 妹 妹

妹 妹

「妹」の 形。

妹 下の よこ画を すこし ながく 書く。とめる。

ちゅうい！

二回ずつ 書いて れんしゅうしよう

父 と 母

弟 と 妹

ものしりメモ 「父」「母」「兄」「姉」「弟」「妹」は、「かぞく」を あらわす 言葉だね。まとめて おぼえて おこう。

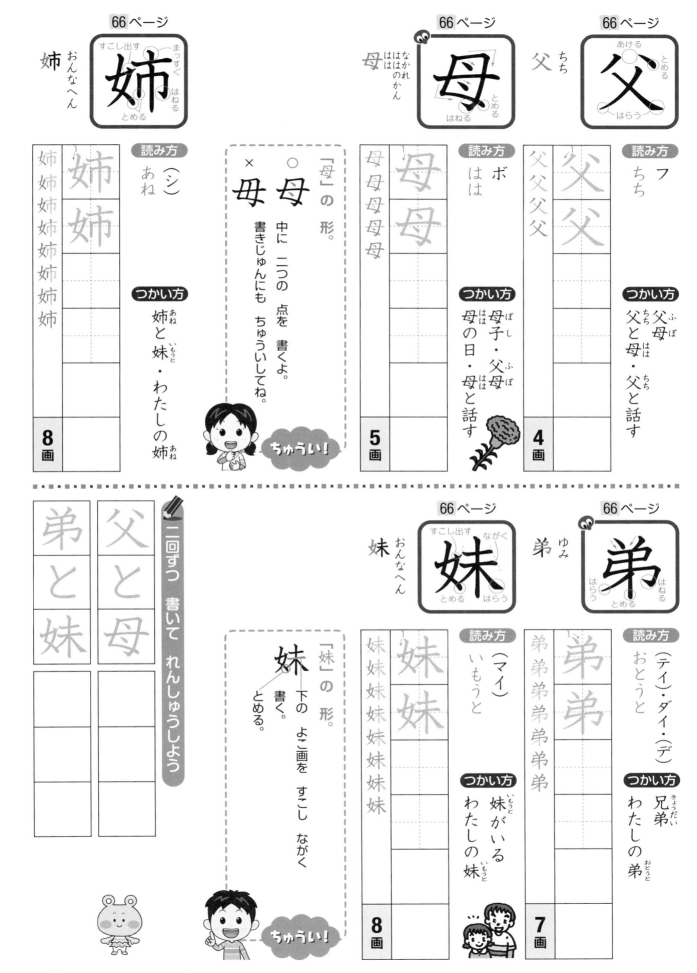

67ページ

万 いち

万（つき出さない・はらう・はねる）

読み方

マン・（バン）

—

つかい方

一万円《いちまんえん》・百万人《ひゃくまんにん》

3画

67ページ

語 ごんべん

語（ながく）

読み方

ゴ

かたる・かたらう

つかい方

国語《こくご》・外国語《がいこくご》

思いを語《かた》る・友と語《かた》らう

14画

67ページ

算 たけかんむり

算（ながく・はらう・とめる）

読み方

サン

—

つかい方

算数《さんすう》・計算《けいさん》・あん算《ざん》

14画

67ページ

海 さんずい

海（とめる・はねる）

読み方

カイ

うみ

つかい方

海水《かいすい》・海《かい》がん

海《うみ》でおよぐ・ひろい海《うみ》

9画

67ページ

内 どうがまえ・けいがまえ

内（つき出す・はねる・とめる）

読み方

ナイ・（ダイ）

うち

つかい方

国内《こくない》・車内《しゃない》

内《うち》と外・内《うち》がわ

4画

言葉《ことば》の ひろば② 「言葉のなかまさがしゲーム」を しよう

はんたいの いみの 漢字《かん》。

内 ↔ 外

うちと そとの ことを 「内外《ないがい》」と いうよ。

70ページ

夏 ふゆがしら・すいにょう

夏（すこしながく・つける・はらう）

読み方

カ・（ゲ）

なつ

つかい方

春夏秋冬《しゅんかしゅうとう》

夏《なつ》のうた・夏休《なつやす》み

10画

二回ずつ 書いて れんしゅうしよう

算数

山と海

ものしりメモ

「万」と 「方」は、形が にて いるね。上に たて画が つくのが 「方」、つかないのが 「万」だよ。まちがえないように 気を つけよう。

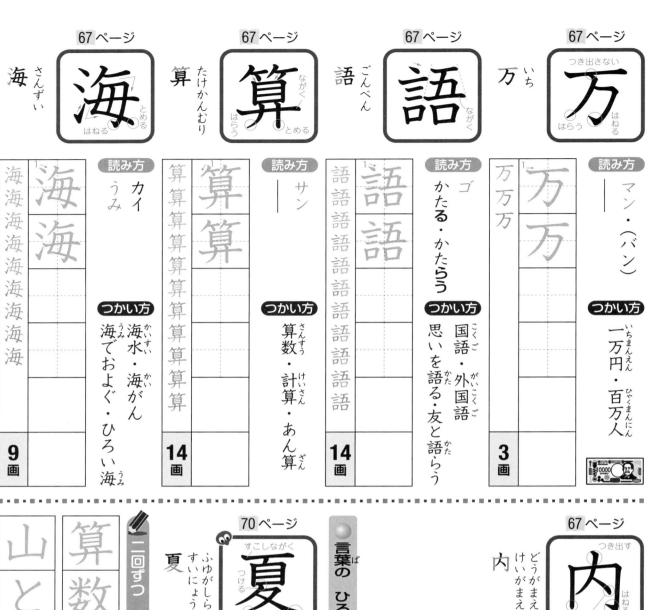

れんしゅうのワーク

漢字《かん》の ひろば②　なかまの 言葉《ば》と 漢字
言葉の ひろば②　「言葉のなかまさがしゲーム」を しよう

きょうかしょ 上66～70ページ
答え 2ページ

べんきょうした日　月　日

1 あたらしい 漢字を 読みましょう。

① 66ページ　もうすぐ 昼（　）に なる。

② 月の あかるい 夜（　）。

③ 親（　）と 子。

④ 二人の 兄（　）が いる。

⑤ やさしい 父（　）。

⑥ 母（　）の 話。

⑦ 姉（　）と かいものに いく。

⑧ 弟（　）の せわ。

⑨ 小さい 妹（　）。

⑩ 一万円（　）で かう。

⑪ 国語（　）の きょうかしょ。

⑫ 算数（　）の しゅくだい。

⑬ 海（　）で およぐ。

⑭ たてものの 内（　）と 外。

⑮ 68ページ　あつい 夏（　）。

ここから はってん

✿⑯ 今夜（　）の 天気。

✿⑰ 夜中（　）に 目を さます。

✿⑱ 親友（　）が できる。

✿の 漢字は 新《しん》出漢字の べつの 読み方です。

＊⑲ 親（　）しい 人を よぶ。

＊⑳ なかの よい 兄弟（　）。

＊㉑ 父母（　）の しゃしん。

＊㉒ むかし話を 語（　）る。

＊㉓ きれいな 車内（　）。

2 あたらしい 漢字《かん》を かきましょう。

① 66ページ □《ひる》に パンを たべる。

② □《よる》に 本を 読む。

③ □《おや》を たいせつに する。

④ ぼくの □《あに》。

⑤ □《ちち》の 大きな 手。

⑥ □《はは》を 手つだう。

⑦ □《あね》と あそぶ。

⑧ □《おとうと》に 本を かす。

⑨ かわいい □《いもうと》。

⑩ □□□《いちまんえん》さつ。

⑪ □□《こくご》の じゅぎょう。

⑫ □□《さんすう》の ノート。

⑬ □《うみ》で 貝がらを ひろう。

⑭ ふくは □《うち》、おには 外。

⑮ 68ページ もうすぐ □《なつ》が くる。

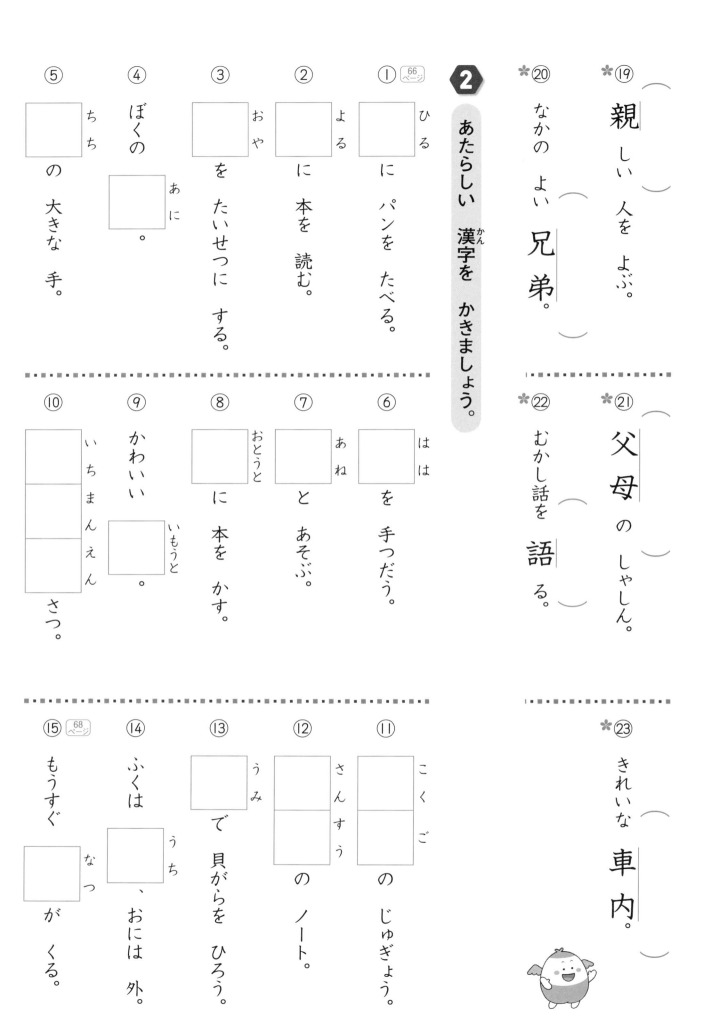

✿⑯ □□《こんや》の ごはん。

✿⑰ □□《しんゆう》との やくそく。

✿⑱ □《した》しい ともだち。

✿⑲ 三人 □□《きょうだい》。

3 漢字で かきましょう。（〰は、ひらがなも かきましょう。ふとい 字は、この 回で ならった 漢字を つかった 言葉《ば》です。）

① ひるに あにと あそぶ。

② ほしが かがやく よる。

③ ちちと うまに のる。

④ ははの こえが きこえる。

⑤ おとうとと つうがくする。

⑥ いもうとの なまえを かく。

⑦ さんすうの といの こたえ。

⑧ なつに うみで およぐ。

⑨ せんの うちがわに たつ。

四 くりかえしに 気を つけて、とうじょう人物《じんぶつ》の 様子《ようす》を 読もう

きほんのワーク

きつねの おきゃくさま
言葉《ことば》の ひろば③ うれしく なる 言葉

きょうかしょ ㊤72～93ページ

べんきょうした日　月　日

◆「読み方」の 赤い 字は きょうかしょで つかわれて いる 読みです。
は まちがえやすい 漢字《かんじ》です。

きつねの おきゃくさま

72ページ

考 おいかんむり

ながく はらう　ながく　はねる

読み方：コウ　かんがえる

つかい方：思考《しこう》・さん考書《こうしょ》　よく考《かん》える・考《かん》え

6画

「考」の 形。
六画めは 一回で 書こう。
「かんがえる」は、「考」の 下に、「える」と ひらがなを つけるよ。
ちゅういしてね。

ちゅうい！

72ページ

太 だい

わすれない　はらう

読み方：タイ・タ　ふとい・ふとる

つかい方：太陽《たいよう》・丸太《まるた》　太《ふと》いえだ・犬が太《ふと》る

4画

73ページ

丸 てん

はねる　はらう　まげる

読み方：ガン　まる・まるい　まるめる

つかい方：ほう丸《がん》なげ・まん丸《まる》　丸《まる》い月・ゆきを丸《まる》める

3画

73ページ

心 こころ

とめる　まげる　はねる

読み方：シン　こころ

つかい方：中心《ちゅうしん》・心《しん》ぱい　心《こころ》をこめる・心《こころ》がけ

4画

二回ずつ 書いて れんしゅうしょう

考える　太る

75ページ

切

切 かたな

つき出さない まげる はねる

読み方

セツ・（サイ）
きる・**きれる**

つかい方

親切《しんせつ》・大切《たいせつ》・切《き》れ目
切りかぶ

4画

切 切 切 切

「切」の でき方。

七＋刀

「七」（切りつける 様子）と「刀」（かたな）を あわせた 漢字。
はもので きる ことを あらわすよ。
＊「刀《かたな》」は これから ならうよ。

75ページ

行

行 ぎょう

みじかく ながく ながく はねる

読み方

コウ・ギョウ
（アン）
いく・**ゆ**く
おこなう

つかい方

旅行《りょこう》・一行《いちぎょう》め
みんなで行《い》く・行《おこな》い

6画

行 行 行 行 行 行

二回ずつ 書いて れんしゅうしよう

切りかぶ

行く

86ページ

場

場 つちへん

ながく はねる

読み方

ジョウ
ば

つかい方

入場《にゅうじょう》・キャンプ場《じょう》
すな場《ば》・市場《いちば》（しじょう）・広場《ひろば》

12画

場 場 場 場 場 場 場 場 場 場 場 場

「場」の 形。

場

八画めは よこに ながく。
十画めは はねて
十一、十二画めは はらう。

86ページ

楽

楽 き

はらう はらう とめる

読み方

ガク・ラク
たのしい
たのしむ

つかい方

音楽《おんがく》・楽《らく》になる
楽《たの》しい話・絵を楽《たの》しむ

13画

楽 楽 楽 楽 楽 楽 楽 楽 楽 楽 楽 楽 楽

「楽」の 書きじゅん。

「楽」の 部分《ぶぶん》に 気を つけてね。
「白 伯 泊 泊 泊 泊 泊 泊 楽」と 書くよ。
はじめに 「白」を 書こう。

ものしりメモ 「心」は、しんぞうの 形から できて いるよ。むかしの 人は、何かを 思うような 心の はたらきは、しんぞうに あると 考えたんだよ。

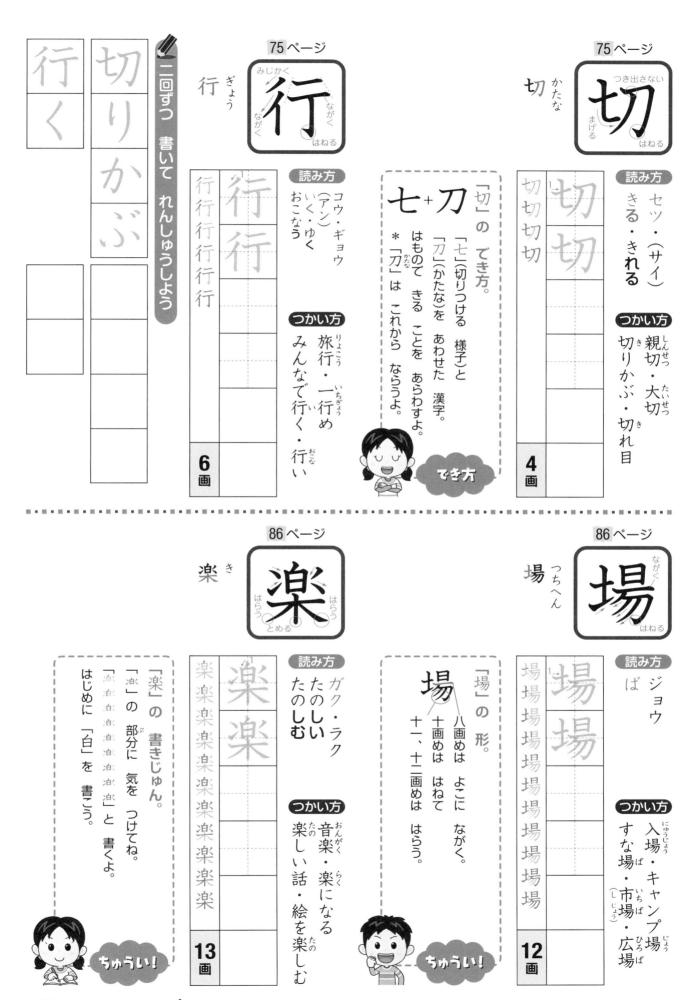

86ページ

才 才 て

すこし出す　はらう　はねる

読み方：サイ ／ ―

つかい方：文学《ぶんがく》の才《さい》・天才《てんさい》 ／ 才《さい》のう

3画

ちゅうい！

「才」の 形。

才

かたかなの 「オ」と 同じに ならないよう、「亅」は たて画より すこし 右に 出して 書こう。

言葉《ば》の ひろば③ うれしく なる 言葉

90ページ

合 合 くち

つける　よこにかく　はらう

読み方：ゴウ・ガッ・カッ ／ あう・あわす ／ あわせる

つかい方：合計《ごうけい》・合《がっ》しょう ／ 合《かっ》せん・話し合《あ》う

6画

二回ずつ 書いて れんしゅうしよう

才のう

合う

90ページ

時 時 ひへん

ながく　はねる

読み方：ジ ／ とき

つかい方：時間《じかん》・三時《さんじ》 ／ 時《とき》がたつ・一年生の時《とき》

10画

90ページ

元 元 ひとあし にんにょう

ながく　はらう　まげる　はねる

読み方：ゲン・ガン ／ もと

つかい方：元気《げんき》・元日《がんじつ》 ／ 地元《じもと》・火の元《もと》

4画

あたらしい 読み方を おぼえる 漢字《かん》

ページ	漢字	言葉
77ページ	切《セツ》	親切《しんせつ》
92	時《ジ》	時間《じかん》

とくべつな 読み方の 言葉

ページ	言葉	読み方
73	お兄ちゃん（兄さん）	おにいちゃん（にいさん）
86	父さん	とうさん
86	母さん	かあさん
86	姉さん	ねえさん
92	上手	じょうず

ものしりメモ 「合《あ》う」は 「答えが 合う」、「会《あ》う」は 「友だちと 会う」などと いうように つかうよ。同じ 読み方を する 漢字に 気を つけよう。

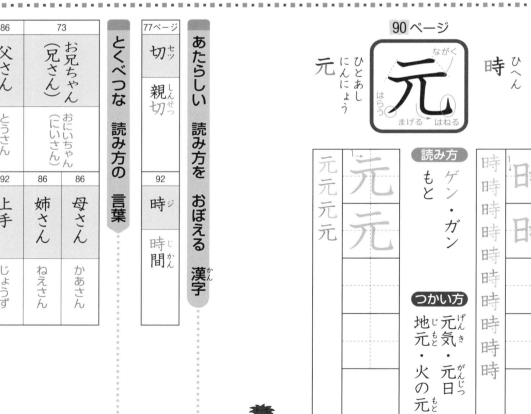

四 くりかえしに 気を つけて、とうじょう人物《ぶつ》の 様子《よう》を 読もう

れんしゅうのワーク

きつねの おきゃくさま 言葉《ば》の ひろば③ うれしく なる 言葉

きょうかしょ 上72〜93ページ

答え 2ページ

べんきょうした日 月 日

1 あたらしい 漢字《かん》を 読みましょう。

① 72ページ きつねが 考（　）える。

② ひよこが 太（　）る。

③ お兄ちゃん（　ちゃん）。

④ 目を 丸（　）くする。

⑤ 心（　）の 中で わらう。

⑥ 切（　）りかぶに つまずく。

⑦ さんぽに 行（　）く。

⑧ 親切（　）な きつね。

⑨ 父さん（　さん）の ぼうし。

⑩ 母さん（　さん）と 話す。

⑪ 姉さん（　さん）に かりる。

⑫ すな場（　）で あそぶ。

⑬ 音楽（　）を 聞く。

⑭ 文学の 才（　）が ある。

⑮ 90ページ しょうかいし合（　）う。

⑯ ころんだ 時（　）。

⑰ 元気（　）が 出る。

⑱ 写《しゃ》生会の 時間（　）。

⑲ 上手（　　）に かく。

✿⑳ 太陽《よう》（　　）と 月。

ここから はってん

✿㉑ まん 丸（　　）な 目。

✿㉒ こうえんの 中心（　　）。

✿㉓ 一行（　　）めを 読む。

✿㉔ キャンプ場（　　）に つく。

✿㉕ 楽（　　）を する。

✿㉖ 楽（　　）しい 一日。

✿㉗ 数を 合（　　）計《けい》 する。

2 あたらしい 漢字《かん》を 書きましょう。〔　〕は、ひらがなも 書きましょう。

① 72ページ りゆうを 〔　　〕《かんがえる》。

② こねこが 〔　　〕《ふとる》。

③ お〔　　〕《にいちゃん》の 本。

④ 〔　　〕《まるい》 ボール。

⑤ □《こころ》を こめる。

⑥ 木の 〔　　〕《きり》かぶ。

⑦ かいものに 〔　　〕《いく》。

⑧ □□《しんせつ》に する。

⑨ 〔　　〕《とうさん》と 出かける。

⑩ 〔　　〕《かあさん》に よばれる。

⑪ 〔　　〕《ねえさん》と あそぶ。

⑫ 学校に すな□《ば》が ある。

✿の 漢字は 新《しん》出漢字の べつの 読み方です。

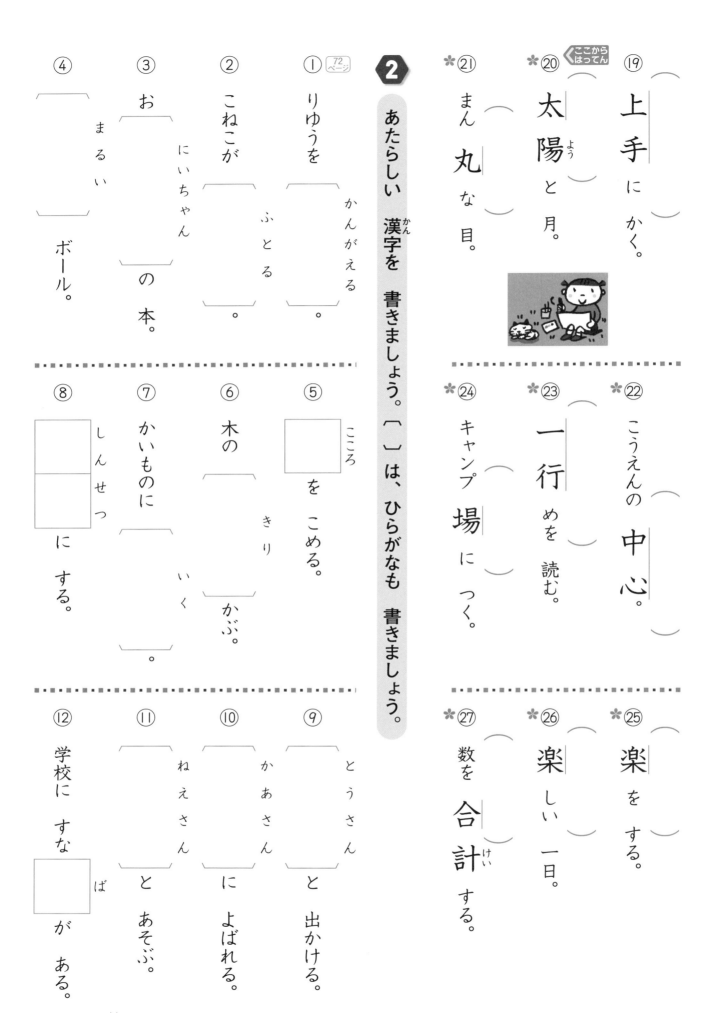

⑬ □□《おんがく》の じゅぎょう。

⑭ うたの □《さい》が ある。

⑮ 90ページ 三人で 話し［　　］《あう》。

⑯ □《とき》が たつ。

⑰ □□《げんき》に なる。

⑱ 昼ごはんの □□《じかん》。

⑲ □□《じょうず》に 色を ぬる。

ここから はってん

✿⑳ まん□《まる》な 月。

✿㉑ 町の □□《ちゅうしん》に ある。

✿㉒ 文章《しょう》の □□《いちぎょう》め。

✿㉓ □《らく》な しせい。

✿㉔ □《たの》しい できごと。

3 漢字で 書きましょう。（〰〰は、ひらがなも 書きましょう。ふとい 字は、この 回で ならった 漢字を つかった 言葉《ば》です。）

① じぶんで かんがえる。

② しんせつな こころを もつ。

③ こうえんの すなばに いく。

④ こたえが あう。

⑤ げんきな こどもの こえ。

⑥ じかんを かけて つくる。

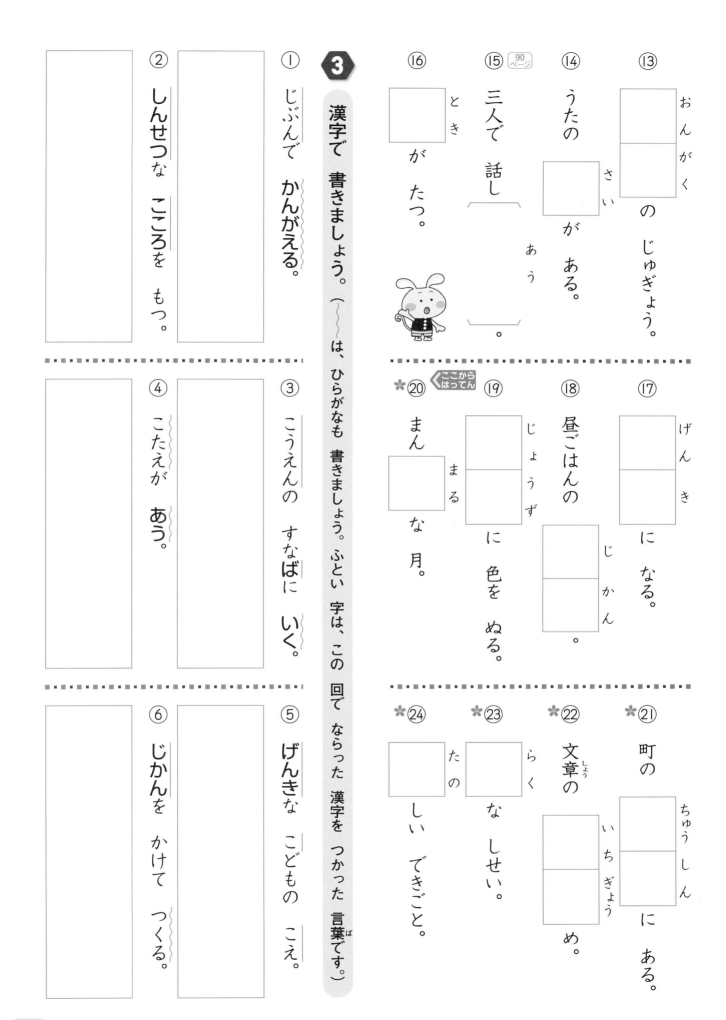

夏休み まとめのテスト①

きょうかしょ 上10～93ページ
こたえ 3ページ

時間 20分

とく点 /100点

べんきょうした日 月 日

1 ――線の 漢字《かん》の 読みかたを 書きましょう。 一つ2（24点）

① 毎《まい》日、日記を 書く。（ ）（ ）
② 朝に 手がみが 一通 とどく。（ ）（ ）
③ 声に 出して 読む。（ ）（ ）
④ 夜に 公園で 星を 見る。（ ）（ ）
⑤ 漢字の 画を 数える。（ ）（ ）
⑥ 二つの 点を 線で むすぶ。（ ）（ ）

2 □に 漢字を 書きましょう。（〔 〕は 漢字と ひらがなを 書きましょう。） 一つ2（24点）

① □□《せいかつ》 する。
② □《とも》だちに なる。
③ わか草 □《いろ》。
④ 〔 〕《おもい》出す。
⑤ □《いま》ごろの こと。
⑥ 音を 〔 〕《きく》。
⑦ □□《きしゃ》に のる。
⑧ 〔 〕《おなじ》 ふく。
⑨ あそぶ □《かい》。
⑩ うしや □《うま》。
⑪ 作文の 書き □《かた》。
⑫ とりの □《はね》。

3 言葉《ことば》の　読みかたの　正しい　ほうに、○を　つけましょう。　一つ2（8点）

① 通る　ア（　）とおる　イ（　）とうる

② 地面《めん》　ア（　）じめん　イ（　）ぢめん

③ 言う　ア（　）ゆう　イ（　）いう

④ 妹　ア（　）いもおと　イ（　）いもうと

4 つぎの　漢字は　何画で　書きますか。□に　数字を　書きましょう。　一つ3（6点）

① 曜　□画

② 場　□画

5 つぎの　漢字の　正しい　書きじゅんに、○を　つけましょう。　一つ3（6点）

① 何　ア（　）ノ　イ　仁　仃　何　何　何　イ（　）ノ　イ　仁　仁　何　何　何

② 母　ア（　）く　口　母　母　母　イ（　）く　口　口　口　母

6 つぎの　書きかたの　うち、正しい　ほうに　○を　つけましょう。　一つ2（8点）

① ア（　）答たえ　イ（　）答え

② ア（　）親しい　イ（　）親い

③ ア（　）分ける　イ（　）分る

④ ア（　）作くる　イ（　）作る

7 つぎの　言葉と　はんたいの　いみの　言葉を、□に　漢字で　書きましょう。　一つ3（12点）

① ひくい ↔ □い

② 内 ↔ □

③ とおい ↔ □い

④ ほそい ↔ □い

8 □に　あてはまる　漢字を　［　］から　えらんで　書き、漢字二字の　言葉を　つくりましょう。　一つ3（12点）

① □語

② 親□

③ □分

④ 水□

［切　道　自　国］

夏休み まとめのテスト②

きょうかしょ　㊤10～93ページ
答え　3ページ

じかん 20分

とく点　　/100点
べんきょうした日　月　日

1 ――線の 漢字《かん》の 読み方を 書きましょう。 一つ2（24点）

① 春（　）の 花が 道（　）ばたに さく。

② 高（　）い ビルが 近（　）くに ある。

③ 図書館《かん》（　）に 絵（　）を かざる。

④ 一週間（　）かけて 作（　）る。

⑤ 弟（　）と いっしょに 昼（　）まで あそんだ。

⑥ 元気（　）な 声で 上手（　）に うたう。

2 □に 漢字を 書きましょう。（〔　〕は 漢字と ひらがなを 書きましょう。） 一つ2（24点）

① 貝がらの □《かたち》。

② □□《きいろ》い 花。

③ □□《がいこく》の 言葉《ば》。

④ □□《なまえ》を 書く。

⑤ □□《ちち》に 言う。

⑥ □□□《にまんえん》。

⑦ □□《さんすう》。

⑧ □《なつ》の 空。

⑨ 〔　〕《まるい》 石。

⑩ やさしい □《こころ》。

⑪ 山へ 〔　〕《いく》。

⑫ 話し 〔　〕《あう》。

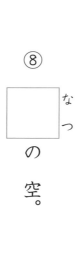

3 つぎの 漢字の ――線の 読み方を 書きましょう。 一つ2(12点)

① 話

1 童《どう》話を 読む。（　　）
2 話を 聞く。（　　）
3 ゆっくり 話す。（　　）

② 夜

1 今夜は ひえる。（　　）
2 夜中に おきる。（　　）
3 夜に 雨が ふる。（　　）

4 □に 同じ 部《ぶ》分を もつ 漢字を 書きましょう。 一つ2(8点)

① □《ほし》空・□《じ》間

② □《あね》・□《いもうと》

5 つぎの 漢字の 赤字の ところは、何画めに 書きますか。（　）に すう字で 書きましょう。 一つ2(8点)

① 工（　　）画め　② 方（　　）画め

③ オ（　　）画め　④ 内（　　）画め

6 つぎの なかまの 漢字を、□から えらび、□に 書きましょう。 一つ2(12点)

① どうぶつ……□・□

② しぜん……□・□

③ かぞく……□・□

森	馬	母
兄	海	犬

7 ――線の 言葉を、漢字と ひらがなで 書きましょう。 一つ3(12点)

① コップを かぞえる。

② こまが よく まわる。

③ みんなで かんがえる。

④ たのしい 一日。

きほんのワーク

話したいな、聞きたいな、夏休みのこと　漢字《かん》のひろば③　二つの漢字でできている言葉《ば》／一年生で学んだ漢字②

きょうかしょ　上96～102ページ

べんきょうした日　月　日

◆「読み方」の赤い字はきょうかしょでつかわれている読みです。
はまちがえやすい漢字です。

話したいな、聞きたいな、夏休みのこと

96ページ

組（いとへん）　はらう・とめる・つき出す

読み方：ソ　くむ・くみ

つかい方：組《そ》しき　うでを組《く》む・二年二組《にくみ》

11画

ちゅうい！
「組」の形。
○ 組　× 組
「且」の部分《ぶ》を、「目」と書かないように気をつけよう。

漢字のひろば③　二つの漢字でできている言葉

100ページ

新（おのづくり）　まっすぐ・みじかくとめる・とめる

読み方：シン　あたらしい　あらた・にい

つかい方：新年《しんねん》・新聞《しんぶん》　新《あたら》しい本・新《あら》たな思い

13画

100ページ

牛（うし）　つき出す・ながく

読み方：ギュウ　うし

つかい方：牛肉《ぎゅうにく》・牛《ぎゅう》にゅう　子牛《こうし》・牛《うし》をかう

4画

100ページ

鳥（とり）　てんのむき・はねる

読み方：チョウ　とり

つかい方：白鳥《はくちょう》（しらとり）　親鳥《おやどり》・小鳥《ことり》

11画

101ページ

市（はば）　まっすぐ・とめる・はねる

読み方：シ　いち

つかい方：市長《しちょう》・都市《とし》・市町村《しちょうそん》　朝市《あさいち》・市場《いちば》（しじょう）・魚市場《うおいちば》

5画

弓
101ページ

弓 ゆみ

読み方
（キュウ）
ゆみ

つかい方
弓《ゆみ》をひく・弓矢《ゆみや》

弓弓弓

3画

毛
101ページ

毛 け

読み方
モウ
け

つかい方
毛《もう》ふ・羽毛《うもう》
犬の毛《け》・毛糸《けいと》・わた毛《げ》

毛毛毛毛

4画

電
101ページ

電 あめかんむり

読み方
デン
―

つかい方
電気《でんき》・電車《でんしゃ》
電話《でんわ》

電電電電電電電電電電電電電

13画

矢
101ページ

矢 や

読み方
（シ）
や

つかい方
矢《や》をはなつ・矢《や》じるし

矢矢矢矢矢

5画

古
101ページ

古 くち

読み方
コ
ふるい・ふるす

つかい方
太古《たいこ》
古《ふる》い本・つかい古《ふる》す

古古古古古

5画

門
101ページ

門 もん

読み方
モン
（かど）

つかい方
門《もん》をあける・校門《こうもん》

門門門門門門門門

8画

でき方

「門」のでき方。

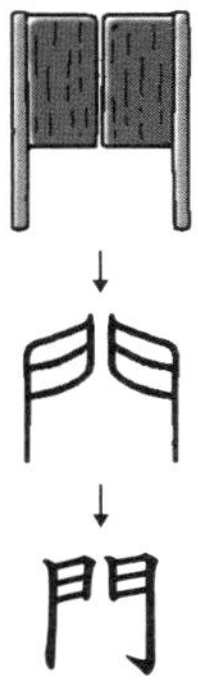

とびらをしめた門の形からできたよ。

光
101ページ

光 ひとあし にんにょう

読み方
コウ
ひかる・ひかり

つかい方
光線《こうせん》・日光《にっこう》
星が光《ひか》る・まぶしい光《ひかり》

光光光光光光

6画

ものしりメモ
「新」と「親」は、同じ読み方で同じ部分をもつ漢字だよ。「新」は「新年《しんねん》」、「親」は「親友《しんゆう》」などとつかうよ。まちがえないようにしよう。

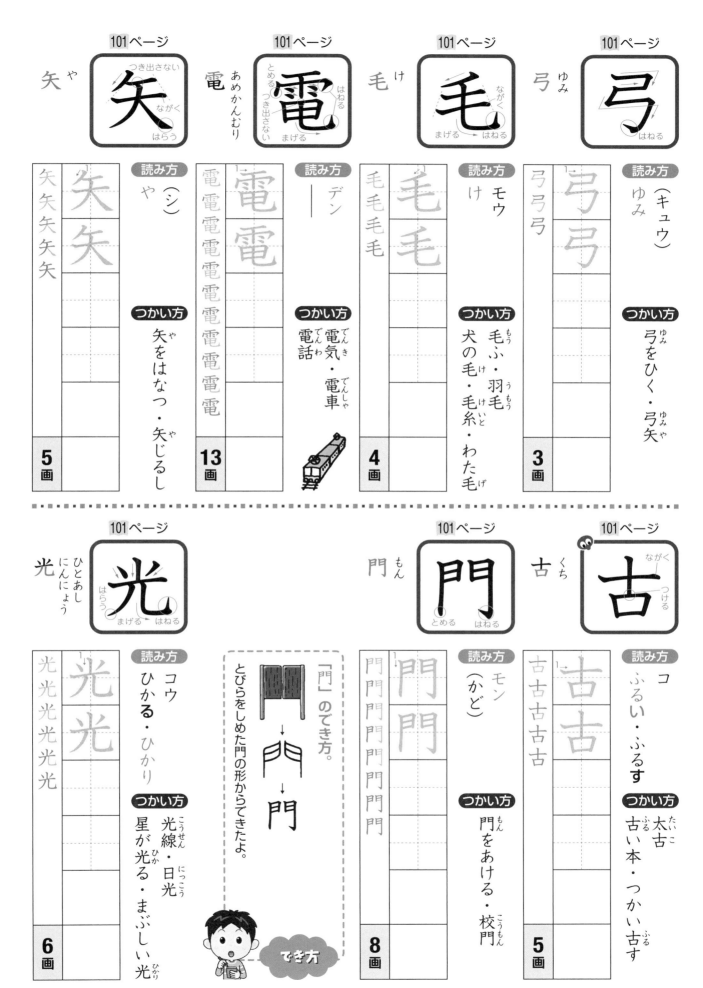

れんしゅうのワーク

話したいな、聞きたいな、夏休みのこと
漢《かん》字のひろば③　二つの漢字でできている言葉《ば》／一年生で学んだ漢字②

きょうかしょ 上96～102ページ　答え 4ページ

べんきょうした日　月　日

1 あたらしい漢字を読みましょう。

① 96ページ 三人で 組（　　）みになる。

② 100ページ 新年（　　）をむかえる。

③ 子牛（　　）にえさをやる。

④ 親鳥（　　）がなく。

⑤ 朝市（　　）に行く。

⑥ 弓（　　）をひく。

⑦ 毛糸（　　）のセーター。

⑧ 電車（　　）のきっぷ。

⑨ 矢（　　）をはなつ。

⑩ 古（　　）い本を読む。

⑪ 学校の 門（　　）がひらく。

⑫ 月の 光（　　）がてらす。

⑬ 新聞（　　）を読む。

⑭ 電話（　　）をかける。

✿⑮ ここから はってん 新（　　）しいふくをかう。

✿⑯ 市町村（　　）の名前。

✿⑰ 日光（　　）をあびる。

✿⑱ 夜空に星が 光（　　）る。

✿の漢字は新出漢字のべつの読み方です。

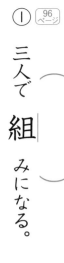

2 あたらしい漢字を書きましょう。〔　〕は、ひらがなも書きましょう。

① 96ページ 五人で〔　　〕《くむ》。

② 100ページ □□《しんねん》のあいさつ。

③ □□《こうし》が生まれる。

④ □□《おやどり》がすにもどる。

⑤ みなとの□□《あさいち》。

⑥ □《ゆみ》をもった人形。

⑦ □□《けいと》のマフラー。

⑧ □□《でんしゃ》にのる。

⑨ □《や》をいる。

⑩ 〔　　〕《ふるい》てらに行く。

⑪ 大きないえの□《もん》。

⑫ まぶしい□《ひかり》。

ここから はってん

✿⑬ □《あたら》しいくつをはく。

✿⑭ □□《にっこう》があたる。

✿⑮ かみなりが□《ひか》る。

3 漢字で書きましょう。（〰は、ひらがなも書きましょう。太い字は、この回でならった漢字をつかった言葉です。）

① **おやどり**がは**ね**をひろげる。

② **は**なややさいがならぶ**あさいち**。

③ ふるい **ゆみ**をかざる。

④ おなじいろのけいと。

⑤ てらのもんをとおる。

⑥ よぞらにかがやくほしのひかり。

4 一年生で学んだ漢字

一年生でならった漢字《かん》を書きましょう。〔　〕は、ひらがなも書きましょう。

① 入り□《ぐち》のかんばん。

② ベンチで〔やすむ〕。

③ □□《たけうま》にのる。

④ □《さん》びきの犬。

⑤ □□《くじ》にはじまる。

⑥ □《ちから》持《も》ちのおとな。

⑦ □□《よにん》の子ども。

⑧ □《なな》まいのカード。

⑨ すご□《ろく》をする。

⑩ えんぴつが□□《にほん》ある。

⑪ □□《せんえん》でうる。

⑫ お□《かね》をはらう。

⑬ □□□《はちじゅうえん》のさら。

⑭ □□□《ごひゃくえん》でかう。

⑮ 会場の□□《でぐち》。

きほんのワーク

わにのおじいさんのたからもの
言葉《ば》のひろば④ はんたいのいみの言葉、にたいみの言葉
町の「すてき」をつたえます

きょうかしょ 上10～125ページ

べんきょうした日　月　日

◆「読み方」の赤い字はきょうかしょでつかわれている読みです。
はまちがえやすい漢《かん》字です。

わにのおじいさんのたからもの

頭（105ページ） 頭 おおがい
はらう　とめる
読み方：トウ・ズ・（ト）　あたま・（かしら）
つかい方：一頭《いっとう》・先頭《せんとう》・頭上《ずじょう》　頭《あたま》をかく
16画

野（106ページ） 野 さとへん
わすれない　はねる
読み方：ヤ　の
つかい方：野球《やきゅう》・野《や》さい　野山《のやま》・野原《のはら》
11画

体（106ページ） 体 にんべん
わすれない　はらう　とめる
読み方：タイ・（テイ）　からだ
つかい方：車体《しゃたい》・体《たい》そう　体《からだ》をきたえる
7画

半（107ページ） 半 じゅう
ながく
読み方：ハン　なかば
つかい方：半分《はんぶん》にわる・二時半《にじはん》　週の半《なか》ば
5画

ちゅうい！
「半」の書きじゅん。
「半半半半半」と書くよ。
まん中の「｜」は、いちばんさいごに書くよ。

二回ずつ書いてれんしゅうしよう

野山　半分

107ページ

長

ながい

長

ながく　はらう

読み方

チョウ

なが**い**

長長長長長長長長

8画

つかい方

村長《そんちょう》・校長《こうちょう》先生

長《なが》いひも

「長」の書きじゅん。

長

一画めは、たて画だよ。
よこ画から書かないように
ちゅういしてね。

109ページ

顔

おおがい

顔

まっすぐ　とめる

読み方

ガン

かお

顔顔顔顔顔顔顔顔顔顔顔顔顔顔顔顔顔顔

18画

つかい方

顔面《がんめん》

顔《かお》をあらう・よこ顔《がお》

111ページ

紙

いとへん

紙

とめる　はらう　とめる　はねる

読み方

シ

かみ

紙紙紙紙紙紙紙紙紙紙

10画

つかい方

画用紙《がようし》・新聞紙《しんぶんし》

白い紙《かみ》・手紙《てがみ》・紙切《かみき》れ

111ページ

谷

たに

谷

あける　とめる　つける　はらう

読み方

（コク）

たに

谷谷谷谷谷谷谷

7画

つかい方

谷川《たにがわ》・谷《たに》ぞこ

ふかい谷《たに》

111ページ

岩

やま

岩

ひらたく　つき出さない

読み方

ガン

いわ

岩岩岩岩岩岩岩岩

8画

つかい方

岩石《がんせき》

岩《いわ》あな・岩山《いわやま》

「岩」のおぼえ方。

岩

「山」＋「石」と書くよ。
「山にある石」とおぼえよう。

言葉《ば》のひろば④　はんたいのいみの言葉、にたいみの言葉

118ページ

強

ゆみへん

強

つける　はねる　とめる

読み方

キョウ・（ゴウ）

つよ**い**・つよ**まる**

つよ**める**・（し**いる**）

強強強強強強強強強強強

11画

つかい方

強力《きょうりょく》・力が強《つよ》い

かぜが強《つよ》まる

118ページ

弱 ゆみ

弱

はねる

読み方

ジャク

よわい・よわる

よわまる・よわめる

つかい方

弱点《じゃくてん》・強弱《きょうじゃく》

弱《よわ》い雨・力が弱《よわ》まる

弱弱弱弱弱弱弱弱弱弱

10画

118ページ

細 いとへん

細

はらう　とめる

読み方

サイ

ほそい・ほそる

こまか・こまかい

つかい方

細《さい》ぼう

細《ほそ》い糸・細《こま》かいつぶ

細細細細細細細細細細細

11画

町の「すてき」をつたえます

「細」の読み方。

「細い」のときは「ほそい」

「細かい」のときは「こまかい」と読むよ。

読み方がかわるのでちゅういしよう。

120ページ

科 のぎへん

科

みじかくとめる　つき出す　とめる

読み方

カ

―

つかい方

生活科《せいかつか》・科目《かもく》

理科《りか》

科科科科科科科科科

9画

121ページ

室 うかんむり

室

まっすぐ　はねる　とめる　とめる　ながく

読み方

シツ

（むろ）

つかい方

しちょうかく室《しつ》・教室《きょうしつ》

地下室《ちかしつ》・ほけん室《しつ》

室室室室室室室室室

9画

122ページ

理 おうへん たまへん

理

つき出さない　ながく

読み方

リ

―

つかい方

理由《りゆう》・理科《りか》

りょう理《り》

理理理理理理理理理理理

11画

123ページ

知 やへん

知

つき出さない　はらう　とめる

読み方

チ

しる

つかい方

知人《ちじん》・知《ち》しき

ものごとを知《し》る

知知知知知知知知

8画

とくべつな読み方の言葉

121ページ
大人
おとな

ものしりメモ

「強い」のはんたいのいみの言葉は「弱い」。強いことと弱いことを「強弱《きょうじゃく》」というよ。「細い」のはんたいのいみの言葉は、「太い」だよ。

五 登場《とう》人物《ぶつ》が考えていたことをそうぞうしよう

れんしゅうのワーク

わにのおじいさんのたからもの
言葉《ば》のひろば④ はんたいのいみの言葉、にたいみの言葉
町の「すてき」をつたえます

きょうかしょ ㊤104～125ページ

答え 4ページ

べんきょうした日　月　日

1 新しい漢字《かん》を読みましょう。

① 104ページ はなの頭（　）。

② 野山（　）をあるく。

③ 体（　）のまわり。

④ 半分（　）ほどうまる。

⑤ 長（　）いたびをする。

⑥ おにの子の顔（　）。

⑦ しわのない紙（　）。

⑧ 谷川（　）にそって上る。

⑨ 岩（　）あなをくぐる。

⑩ 118ページ どちらが強（　）いか考える。

⑪ 力が弱（　）い。

⑫ 細（　）い道をあるく。

⑬ 120ページ 生活科（　）のじゅぎょう。

⑭ しちょうかく室（　）に入る。

⑮ 大人（　）の本をおいたへや。

⑯ 理由《ゆう》（　）を書く。

⑰ くわしく知（　）る。

✿⑱ ここからはってん 校長（　）先生のお話。

✿の漢字は新出漢字のべつの読み方です。

✿⑲ 新聞紙（　　　）をたばねる。

✿⑳ 強弱（　　　）をつけて読む。

✿㉑ 細（　　　）かいつぶの雨がふる。

2 新しい漢字を書きましょう。〔　〕は、ひらがなも書きましょう。

① 104ページ
□《あたま》からしっぽの先。

② □□《のやま》の花。

③ わにの□《からだ》。

④ □□《はんぶん》におる。

⑤ 〔　　〕《ながい》ひもでむすぶ。

⑥ お父さんの□《かお》。

⑦ □《かみ》に書きうつす。

⑧ □□《たにがわ》ぞいをあるく。

⑨ □《いわ》あなにかくれる。

⑩ 118ページ
〔　　〕《つよい》犬。

⑪ 日ざしが〔　　〕《よわい》。

⑫ 〔　　〕《ほそい》糸でぬう。

⑬ 120ページ
□□□《せいかつか》の時間。

⑭ しちょうかく□《しつ》に行く。

⑮ □□《おとな》と子ども。

⑯ □《り》由《ゆう》を話す。

⑰ ものごとを〔　　〕《しる》。

✿⑱ ここから はってん
□《こま》かく切る。

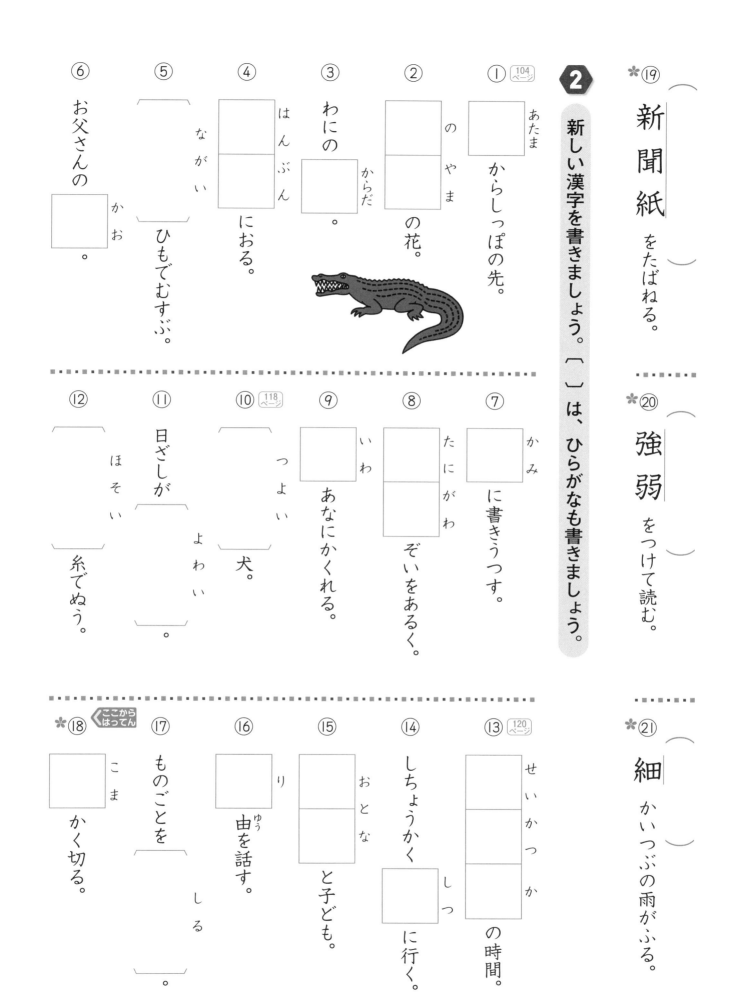

きほんのワーク

さけが大きくなるまで おもしろいもの、見つけたよ

きょうかしょ 下8～31ページ

べんきょうした日　月　日

◆「読み方」の赤い字はきょうかしょでつかわれている読みです。
●はまちがえやすい漢字《かん》です。

さけが大きくなるまで

北（8ページ）　北 ひ
はねる・まげる
読み方：ホク　きた
つかい方：北西《ほくせい》・東北《とうほく》　北《きた》の空
5画

魚（8ページ）　魚 うお
てんのむき
読み方：ギョ　うお・さかな
つかい方：金魚《きんぎょ》・人魚《にんぎょ》　魚市場《うおいちば》・魚《さかな》をつる
11画

「北」の書きじゅん。
一画めは、たて画ではなく、よこ画だよ。
「匕」の「㇒」の部分《ぶ》は、右から左に
はらって書こう。

秋（8ページ）　秋 のぎへん
みじかくとめる・とめる・はらう
読み方：シュウ　あき
つかい方：立秋《りっしゅう》・秋分《しゅうぶん》の日　秋《あき》の空
9画

冬（10ページ）　冬 にすい
はらう・はらう
読み方：トウ　ふゆ
つかい方：冬《とう》みん・春夏秋冬《しゅんかしゅうとう》　冬《ふゆ》をこす
5画

広（13ページ）　広 まだれ
まっすぐ・はらう・とめる
読み方：コウ　ひろい　ひろまる・ひろめる　ひろがる・ひろげる
つかい方：広《こう》こく・広《ひろ》いにわ・広場《ひろば》　名を広《ひろ》める
5画

18ページ

西 にし

西（つき出さない・つける・はらう）

読み方

セイ・サイ
にし

つかい方

西洋《せいよう》・東西南北《とうざいなんぼく》
西《にし》にむかう

6画

18ページ

東 き

東（つき出す・はらう・とめる・はらう）

読み方

トウ
ひがし

つかい方

東京《とうきょう》・東西《とうざい》
東《ひがし》の空

8画

14ページ

帰 はば

帰（つき出さない・とめる・はねる・はらう）

読み方

キ
かえる・かえす

つかい方

帰国《きこく》・帰《き》たく
いえに帰《かえ》る・先に帰《かえ》す

10画

13ページ

食 しょく

食（つける・まっすぐ・はらう・はらう）

読み方

ショク・（ジキ）
くう・（くらう）
たべる

つかい方

夕食《ゆうしょく》・きゅう食《しょく》
大食《おおぐ》い・食《た》べもの

9画

18ページ

南 じゅう

南（つき出さない・はねる・とめる）

読み方

ナン・（ナ）
みなみ

つかい方

南北《なんぼく》・南《なん》きょく
いえの南《みなみ》・南《みなみ》むき

9画

おぼえよう!

方角《がく》をあらわす漢字。
東ー西ー南ー北
「東西南北」で「とうざいなんぼく」と読むよ。
ひとまとめにしておぼえよう。

おもしろいもの、見つけたよ

30ページ

少 しょう

少（はらう・はねる・とめる・ながくはらう）

読み方

ショウ
すくない・すこし

つかい方

少年《しょうねん》・多少《たしょう》・少《すく》ない雨
少《すこ》しだけもらう

4画

ちゅうい!

同じ読み方で形のにている漢字。

少（ショウ） れい 少年
小（ショウ） れい 小学校

ものしりメモ

「冬」の「⺀」には、「こおり」のいみがあるよ。「冬」は「こおり」のはる、さむいきせつだね。はんたいにあついきせつは「夏」。きせつにはほかに「春」や「秋」もあるね。

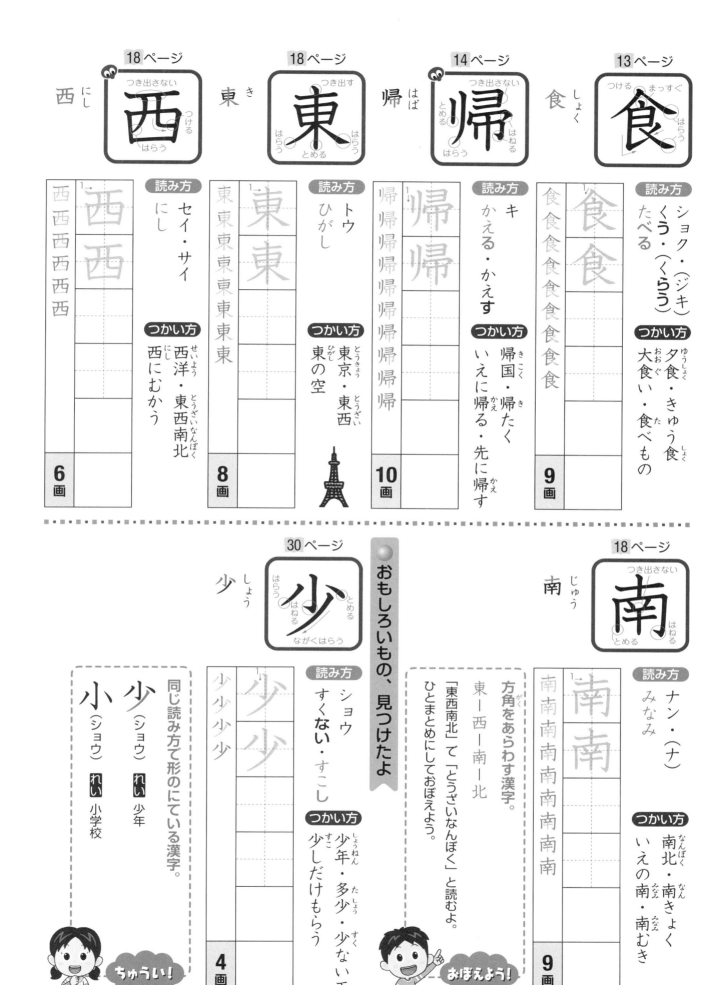

じゅんじょや様子《よう》をあらわす言葉《ば》に気をつけよう

れんしゅうのワーク

さけが大きくなるまで おもしろいもの、見つけたよ

きょうかしょ 下8～31ページ
答え 4ページ

べんきょうした日　　月　　日

1 新しい漢字《かん》を読みましょう。

① 8ページ 北（　　）の海にすむ。
② 大きな 魚（　　）。
③ 秋（　　）になる。
④ 冬（　　）の間。
⑤ 広（　　）い海でのくらし。
⑥ 食（　　）べものがある。

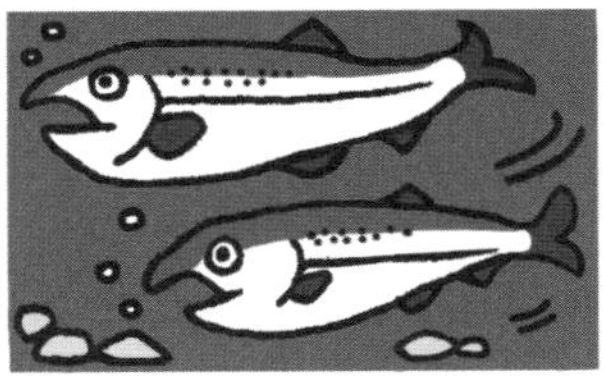

⑦ もとの川へ 帰（　　）る。
⑧ 東（　　）から日がのぼる。
⑨ 夕日が 西（　　）にしずむ。
⑩ 南（　　）をむいて立つ。
⑪ 28ページ 少（　　）しちくちくする。
⑫ 広場（　　）にあつまる。

⑬ べんとうを 食（　　）べる。
ここからはってん
✿⑭ 金魚（　　）にえさをやる。
✿⑮ 夕食（　　）の時間。
✿⑯ アメリカから 帰国（　　）する。
✿⑰ 少年（　　）のゆめがかなう。
✿⑱ 川の水が 少（　　）ない。

✿の漢字は新出漢字のべつの読み方です。

2 新しい漢字を書きましょう。〔　〕は、ひらがなも書きましょう。

①（8ページ） □《きた》のうみの生きもの。

② □《さかな》をつる。

③ □《あき》に川を上る。

④ □《ふゆ》に生まれる。

⑤ 〔　　〕《ひろい》へや。

⑥ 〔　　〕《たべ》ものをさがす。

⑦ 五時に〔　　〕《かえる》。

⑧ □《ひがし》の方をむく。

⑨ □《にし》の空が赤くなる。

⑩ □《みなみ》へむかう。

⑪（28ページ） 〔　　〕《すこし》休む。

ここからはってん

✿⑫ □□《ゆうしょく》のしたくをする。

✿⑬ ふねで□□《きこく》する。

✿⑭ □□《しょうねん》に道をたずねる。

✿⑮ 雨が□《すく》ない。

3 漢字で書きましょう。（〜〜は、ひらがなも書きましょう。太い字は、この回でならった漢字をつかった言葉です。）

① **さかな**を~~すこし~~~~たべる~~。

② **ふゆ**に**みなみ**のしまへ~~いく~~。

③ ~~ひろい~~**うみ**をおよぎ~~まわる~~。

きほんのワーク

ないた赤おに
読書の広場③ 「お話びじゅつかん」を作ろう

教科書 下34〜59ページ

べんきょうした日 月 日

◆「読み方」の赤い字は教科書でつかわれている読みです。
●はまちがえやすい漢字《かん》です。

ないた赤おに

34ページ
家 うかんむり
（まっすぐ はねる はらう とめる はねる）
読み方 カ・ケ いえ・や
つかい方 家族《かぞく》・一家《いっか》・家来《けらい》 家《いえ》の中・一けん家《や》
10画

「家」の書きじゅん。

「家 家 家 家 家 家 家 家 家 家」と書くよ。六画めと七・八画めをぎゃくのじゅんに書かないようにしよう。

35ページ
角 かく つの
（はらう はねる つき出さない）
読み方 カク かど・つの
つかい方 四角《しかく》・方角《ほうがく》・まがり角《かど》 どうぶつの角《つの》
7画

35ページ
当 しょう
（つき出さない）
読み方 トウ あたる・あてる
つかい方 本当《ほんとう》・当分《とうぶん》 当《あ》たり・まとに当《あ》てる
6画

「当」の書きじゅん。

「当 当 当 当 当 当」と書くよ。三画めまでを「、 ｿ ⺌」と書かないように気をつけよう。

二回ずつ書いてれんしゅうしよう

おにの角
本当

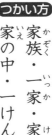

36ページ

戸

戸 と

（よこにかく・はらう）

読み方
コ
と

つかい方
戸外《こがい》
戸《と》をしめる・雨戸《あまど》

4画

37ページ

首

首 くび

（ながく）

読み方
シュ
くび

つかい方
首都《しゅと》・船首《せんしゅ》
首《くび》をふる・首《くび》かざり

9画

40ページ

茶

茶 くさかんむり

（つける・はらう・はらう・あける・とめる）

読み方
チャ・（サ）
—

つかい方
お茶《ちゃ》・茶色《ちゃいろ》
茶《ちゃ》わん

9画

おぼえよう!

「艹」のつく漢字。
「艹」は、しょくぶつにかんけいのある漢字につくよ。
「艹」のつく漢字…花　草　茶　など。

40ページ

引

引 ゆみへん

（あける・はねる）

読み方
イン
ひく・ひける

つかい方
引力《いんりょく》・引《ひ》きぬく
こしが引《ひ》ける

4画

40ページ

毎

毎 なかれ ははのかん はは

（とめる・はねる）

読み方
マイ
—

つかい方
毎日《まいにち》・毎朝《まいあさ》・毎週《まいしゅう》

6画

ちゅうい!

形のにている漢字。
毎（マイ）れい　毎日
母（はは）れい　母の日
海（うみ）れい　夏の海

二回ずつ書いてれんしゅうしよう

お茶　毎日

ものしりメモ
「毎」は「そのたび」といういみだよ。「毎日」「毎朝」「毎月」「毎回」など「毎」のつく言葉《ば》を、まとめておぼえておこう。

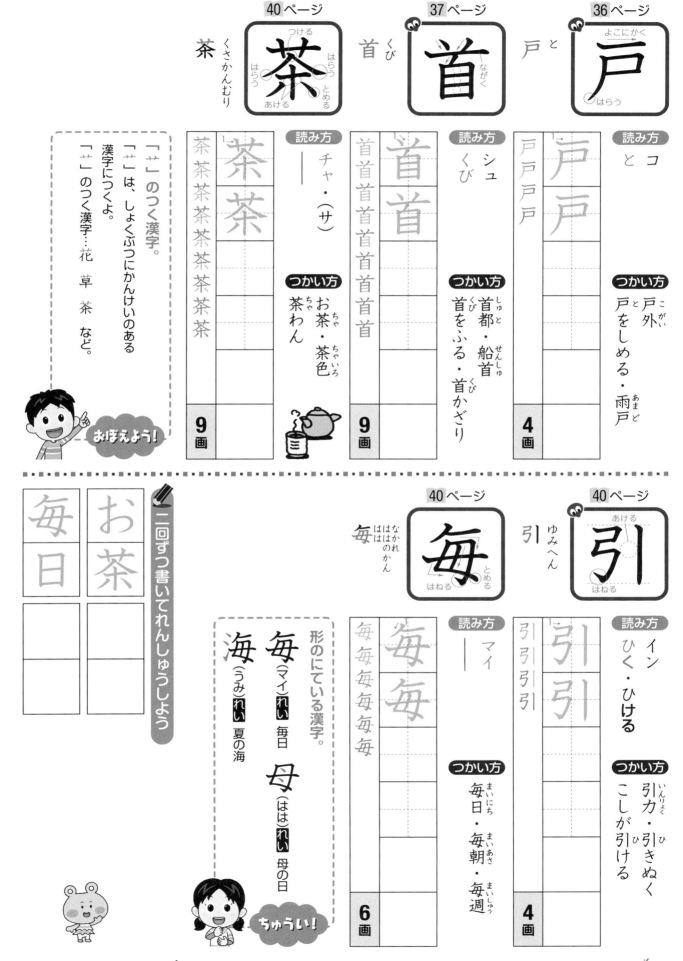

41ページ

遠

遠 しんにょう しんにゅう

ながく　とめる　一かく　とめる

読み方
エン・(オン)
とおい

つかい方
遠近《えんきん》・遠足《えんそく》
とても遠《とお》い

13画

同じ読み方で形のにている漢字《かん》。
遠（エン）れい 遠足
園（エン）れい 公園

46ページ

後

後 ぎょうにんべん

みじかく　ながく　はらう

読み方
ゴ・コウ
のち・うしろ
あと・(おくれる)

つかい方
前後《ぜんご》・後半《こうはん》・後《のち》ほど
後《うし》ろのせき・この後《あと》

9画

二回ずつ書いてれんしゅうしよう

遠い　後ろ

読書の広場③「お話びじゅつかん」を作ろう

56ページ

教

教 ぼくづくり のぶん

はねる　はらう

読み方
キョウ
おしえる
おそわる

つかい方
教室《きょうしつ》・先生が教《おし》える
母に教《おそ》わる

11画

「教」の読み方。
「教える」のときは「おしえる」、
「教わる」のときは「おそわる」と読むよ。
「教」は「数」と形がにていることにも
気をつけよう。

56ページ

交

交 なべぶた

まっすぐ　はらう　とめる　はらう

読み方
コウ
まじわる・まじえる
まじる・まざる・まぜる
(かう)(かわす)

つかい方
交代《こうたい》・線が交《まじ》わる
カードを交《ま》ぜる

6画

新しい読み方をおぼえる漢字

46ページ
当《あ》てる
当《あ》てる

ものしりメモ　「遠い」のはんたいは、「近い」。「後ろ」のはんたいは、「前」だよ。

れんしゅうのワーク

ないた赤おに
読書の広場③「お話びじゅつかん」を作ろう

教科書 下3〜5 ページ
答え 4 ページ

べんきょうした日　月　日

1 新しい漢《かん》字を読みましょう。

① 34ページ 家が一けんたつ。
② おにの角。
③ 本当にちがう。
④ 戸の前のふだ。
⑤ 首をまげる。
⑥ おいしいお茶。

⑦ 立てふだを引きぬく。
⑧ 毎日おかしを作る。
⑨ 遠い山の方。
⑩ はしらに当てる。
⑪ 後ろから見る。
⑫ 56ページ 絵を教室にはる。

⑬ 答える人が交代《たい》する。
ここからはってん
✿⑭ 家族《ぞく》で旅《りょ》行する。
✿⑮ とうふを四角に切る。
✿⑯ 秋の遠足。
✿⑰ やり方を教える。
✿⑱ 道が交わる。

✿の漢字は新出漢字のべつの読み方です。

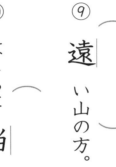

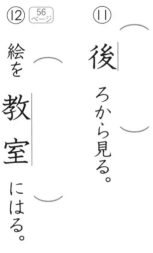

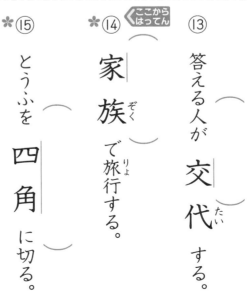

2 新しい漢字《かん》を書きましょう。〔　〕は、ひらがなも書きましょう。

① 34ページ 大きな□《いえ》にすむ。

② どうぶつの□《つの》。

③ □□《ほんとう》のことを言う。

④ □《と》をしめる。

⑤ □《くび》をふる。

⑥ お□《ちゃ》をわかす。

⑦ 草を〔　　〕《ひき》ぬく。

⑧ □□《まいにち》うんどうする。

⑨ えきまで〔　　〕《とおい》。

⑩ まとに矢を〔　　〕《あてる》。

⑪ 〔　　〕《うしろ》にすわる。

⑫ 56ページ □□《きょうしつ》のそうじをする。

⑬ かかりを□《こう》代《たい》する。

ここから はってん

✿⑭ □□《えんそく》のよういをする。

✿⑮ 姉が□《おし》える。

3 漢字で書きましょう。（〜〜は、ひらがなも書きましょう。太い字は、この回でならった漢字をつかった言葉《ば》です。）

① **いえ**の**と**をあける。

② **まいにち**、お**ちゃ**をのむ。

③ **きょうしつ**の**うしろ**のせき。

きほんのワーク

「クラスお楽しみ会」をひらこう／漢字《かん》の広場④ 漢字のつかい方と読み方 一年生で学んだ漢字③／ジャンプロケットを作ろう

べんきょうした日　月　日

◆「読み方」の赤い字は教科書でつかわれている読みです。
はまちがえやすい漢字です。

「クラスお楽しみ会」をひらこう

60ページ
多（た　ゆうべ）
6画
読み方：タ／おおい
つかい方：多少《たしょう》・多数《たすう》／数が多《おお》い・多《おお》くの人

「多」の読み方。
多い　○ おおい　× おうい

漢字の広場④ 漢字のつかい方と読み方

66ページ
晴（ひへん）
12画
読み方：セイ／はれる・はらす
つかい方：晴天《せいてん》・晴《は》れ／気を晴《は》らす

66ページ
社（しめすへん）
7画
読み方：シャ／やしろ
つかい方：会社《かいしゃ》・社会《しゃかい》・社長《しゃちょう》／古い社《やしろ》

66ページ
歩（とめる）
8画
読み方：ホ・(ブ)(フ)／あるく・あゆむ
つかい方：歩行《ほこう》・ゆっくり歩《ある》く／道を歩《あゆ》む

67ページ
売（さむらい）
7画
読み方：バイ／うる・うれる
つかい方：売店《ばいてん》・パンを売《う》る／パンが売《う》れる

67ページ

計

計 ごんべん

（ながく）

読み方

ケイ

はか**る**・はか**らう**

計計計計計計計計計

9画

つかい方

計算《けいさん》・合計《ごうけい》

時間を計《はか》る

でき方

「計」のでき方。

「言」(言葉《ことば》)と「十」(数)を組み合わせてできた漢字《かんじ》で、「数を読み上げ、数えること」をあらわすよ。

67ページ

肉

肉 にく

（つき出す・とめる・とめる・はねる）

読み方

ニク

—

肉肉肉肉肉肉

6画

つかい方

肉《にく》を食べる

肉食《にくしょく》

二回ずつ書いてれんしゅうしよう

計算

肉や魚

67ページ

船

船 ふねへん

（あける・はらう・はらう・はねる）

読み方

セン

ふね・ふな

船船船船船船船船船船船

11画

つかい方

船長《せんちょう》・汽船《きせん》・風船《ふうせん》

船《ふね》にのる・船《ふな》たび

ちゅうい!

「船」の形。

船

四画めはとめる。

五画めはまっすぐ下に。

六画めはななめ右上に。

ジャンプロケットを作ろう

74ページ

台

台 くち

（とめる）

読み方

ダイ・タイ

—

台台台台台

5画

つかい方

はっしゃ台《だい》・台紙《だいし》

台風《たいふう》・ぶ台《たい》

新しい読み方をおぼえる漢字

67ページ
売《う》る
売《う》る

ものしりメモ 「台」には、「ダイ」「タイ」の二つの読み方があるよ。「台本」は「だいほん」、「土台」は「どだい」、「台風」は「たいふう」と読むよ。読み方に気をつけよう。

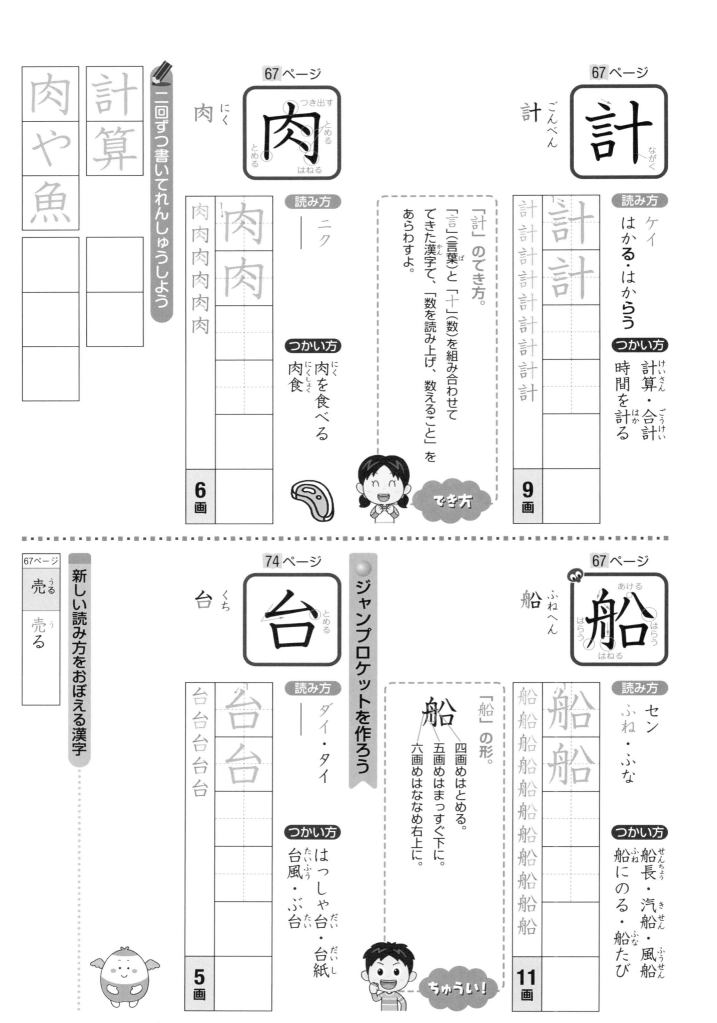

れんしゅうのワーク

「クラスお楽しみ会」をひらこう／漢字《かん》の広場④　漢字のつかい方と読み方
一年生で学んだ漢字③／ジャンプロケットを作ろう

教科書 ㊦60～79ページ
答え 5ページ

べんきょうした日
月　日

1 新しい漢字を読みましょう。

① 60ページ 人数が多（　）い。
② 66ページ くもり後、晴（　）れ。
③ 父の会社（　）。
④ 歩（　）いて学校に行く。
⑤ パンが売（　）れる。
⑥ ケーキを売（　）る。

⑦ 計算（　）を教える。
⑧ 肉（　）のねだんが下がる。
⑨ 船（　）で川を下る。
⑩ 70ページ はっしゃ台（　）を作る。
⑪ 点数を合計（　）する。
✿⑫ ここからはってん 多数（　）のいけん。

✿⑬ 晴天（　）がつづく。
✿⑭ 右がわを歩行（　）する。
✿⑮ 友とともに歩（　）む。
✿⑯ えきの売店《てん》（　）。
✿⑰ かかる時間を計（　）る。
✿⑱ 台風《ふう》（　）が北にすすむ。

✿の漢字は新出漢字のべつの読み方です。

2 新しいかんじを書きましょう。〔　〕は、おくりがなも書きましょう。

① 60ページ ものが〔　　〕《おおい》。

② 66ページ 空が〔　　〕《はれる》。

③ □□《かいしゃ》につとめる。

④ 家まで〔　　〕《あるく》。

⑤ ジュースが〔　　〕《うれる》。

⑥ おかしを〔　　〕《うる》。

⑦ むずかしい□□《けいさん》。

⑧ □《にく》をやく。

⑨ おおきな□《ふね》にのる。

⑩ 70ページ ロケットのはっしゃ□《だい》。

ここからはってん

✿⑪ 道を□《あゆ》む。

✿⑫ □《ばい》店《てん》でかう。

✿⑬ タイムを□《はか》る。

3 かんじで書きましょう。（〰は、おくりがなも書きましょう。太いじは、この回でならったかんじをつかった言葉《ば》です。）

① **はれる**ひが**おおい**。

② はは**が**かいしゃではたらく。

③ がっこうまで**あるく**。

④ にくをやすくうる。

□

⑤ けいさんをおそわる。

□

⑥ ふねのもけいをだいにおく。

□

4 一年生で学んだ漢字

一年生でならったかんじを書きましょう。〔　〕は、おくりがなも書きましょう。

① □《はや》おきする。

② □□《てんき》よほうを聞く。

③ 外を〔　　〕《みる》。

④ □□《あまおと》が聞こえる。

⑤ □《おう》様《さま》の人形。

⑥ □《め》をおおきくあける。

⑦ □《みみ》をすます。

⑧ □《て》をあげる。

⑨ □《あし》をうごかす。

⑩ ていねいに□《じ》をなぞる。

⑪ ノートに□《ぶん》を書く。

⑫ つくえの□《うえ》。

⑬ □《した》におとす。

⑭ □《いぬ》のぬいぐるみ。

⑮ □《だい》・□《ちゅう》・□《しょう》。

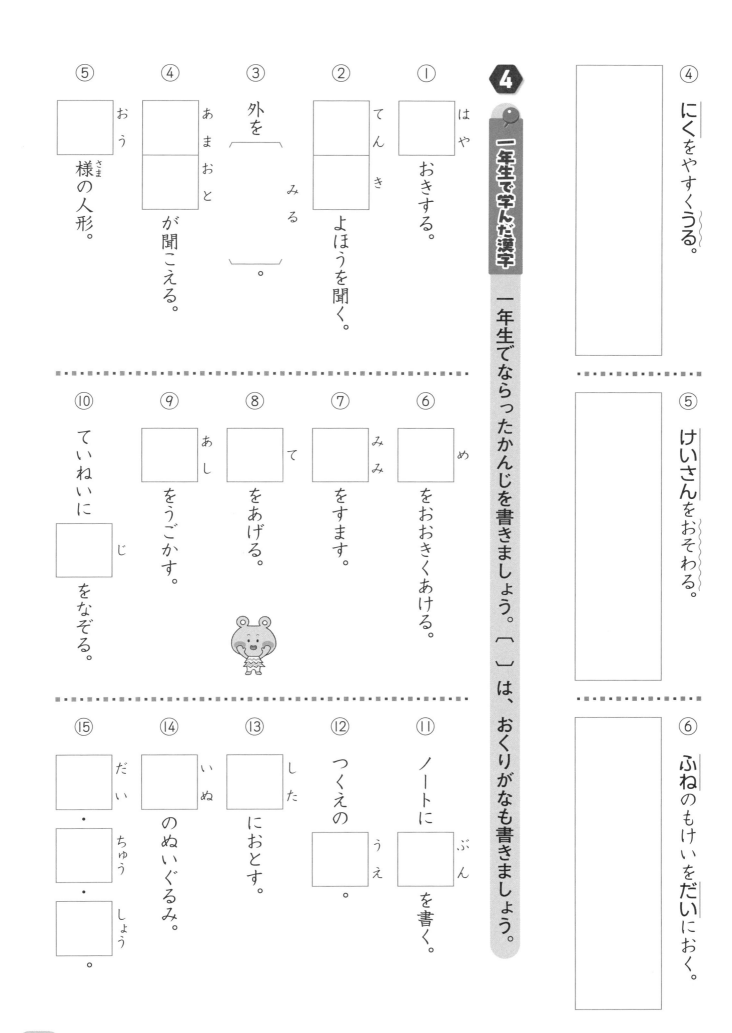

冬休み まとめのテスト①

きょうかしょ 上96～下79ページ
答え 5ページ

時間 20ぷん

とく点 ／100点

べんきょうした日 月 日

1 ——線の漢字《かん》の読み方を書きましょう。 一つ2（24点）

① 電車にのって朝市に行く。

② 古くてきちょうな弓矢をかう。

③ 長いひもを半分に切る。

④ 妹の顔を紙にかく。

⑤ うでが細いのに力が強い。

⑥ 大人に雨がふる理由《ゆう》を聞く。

2 □に漢字を書きましょう。（〔　〕は漢字とおくりがなを書きましょう。） 一つ2（24点）

① 木を〔くむ〕。

② □□（しんねん）をいわう。

③ □□（おやどり）がとぶ。

④ □□（けいと）であむ。

⑤ 学校の□（もん）。

⑥ 月の□（ひかり）。

⑦ □（あたま）をなでる。

⑧ □□（のやま）の花。

⑨ □□（たにがわ）の水。

⑩ 〔よわい〕かぜ。

⑪ □□□（せいかつか）。

⑫ しちょうかく□（しつ）。

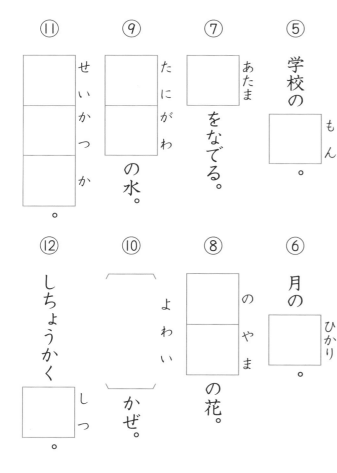

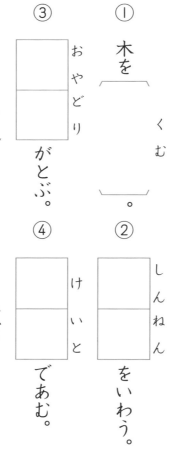

3 つぎのおくりがなのうち、正しいほうに○をつけましょう。 一つ2（8点）

① ア（　）交わる　イ（　）交る

② ア（　）食べる　イ（　）食る

③ ア（　）当てる　イ（　）当る

④ ア（　）少くない　イ（　）少ない

4 つぎの漢字の――線の読み方を書きましょう。 一つ3（18点）

① 教
1 教しつのそうじ。（　　）
2 字を教える。（　　）
3 兄に教わる。（　　）

② 後
1 くもり後、はれ。（　　）
2 後ろのせき。（　　）
3 後でしらべる。（　　）

5 つぎの漢字の赤字のところは、何画めに書きますか。（　）に数字で書きましょう。 一つ2（4点）

① 知（　　）画め　② 北（　　）画め

6 つぎのいみをあらわす言葉《ば》を考えて、漢字二字で書きましょう。 一つ2（4点）

① 子どもの牛。↓ □□

② 岩のおおい山。↓ □□

7 つぎの文で、まちがっている漢字に×をつけ、正しい漢字を□に書きましょう。 一つ3（6点）

① 毎日三十分歩いて、じょうぶな体を作る。 □

② 家の近くの市場で、魚と肉をかう。 □

8 つぎの言葉《ば》とはんたいのいみの言葉《ば》を、□に漢字で書きましょう。 一つ3（12点）

① 買《か》う ↔ □る

② せまい ↔ □い

③ おす ↔ □く

④ ちかい ↔ □い

冬休み まとめのテスト❷

教科書 上96～下79ページ

答え 5ページ

時間 20分

とく点　　/100点

べんきょうした日　　月　　日

1 ――線の漢字《かん》の読み方を書きましょう。 一つ2（24点）

① 北（　　）の海で魚（　　）をとる。

② 東（　　）の空が少（　　）しあかるい。

③ 遠（　　）い山を毎日（　　）こえてくる。

④ 学校の教室（　　）の後（　　）ろのせき。

⑤ 晴（　　）れの日が多（　　）い。

⑥ 会社（　　）まで歩（　　）いて行く。

2 □に漢字を書きましょう。 一つ2（24点）

① □《あき》にさく花。

② □《ふゆ》になる。

③ □《にし》の方をむく。

④ □《みなみ》むきのへや。

⑤ □《いえ》の中。

⑥ しかの□《つの》。

⑦ □□《ほんとう》のこと。

⑧ お□《ちゃ》をのむ。

⑨ □《こう》代《たい》する。

⑩ □□《けいさん》がはやい。

⑪ □《にく》をやく。

⑫ 大きな□《ふね》。

3

――線の言葉《ば》を、漢字とおくりがなで書きましょう。 一つ4（20点）

① あたらしいくつをかう。 □

② 五時にいえにかえる。 □

③ ながいぼうを切る。 □

④ こまかいもようがある。 □

⑤ あかるくひかる星。 □

4

つぎの漢字は何画で書きますか。□に数字を書きましょう。 一つ2（8点）

① 紙 □画

② 台 □画

③ 野 □画

④ 弓 □画

5

つぎの漢字の二通りの読み方を書きましょう。 一つ2（12点）

① 食
1 夕食をよういする。（　　）
2 ごはんを食べる。（　　）

② 市
1 市長にえらばれる。（　　）
2 魚市場でかう。（　　）

③ 弱
1 強弱をつける。（　　）
2 弱い雨がふる。（　　）

6

□にあてはまる漢字を□からえらんで書き、漢字二字の言葉を作りましょう。 一つ2（12点）

① 校□

② 毛□

③ 雨□

④ 手□

⑤ 広□

⑥ □本

虫　戸　場　門　古　首

きほんのワーク

かさこじぞう 言葉《ば》の文化《か》⑤ かるたであそぼう

教科書 下 88〜107ページ

べんきょうした日 月 日

◆「読み方」の赤い字は教科書でつかわれている読みです。
はまちがえやすい漢字《かん》です。

かさこじぞう

買（かい） 89ページ

×四 ひらたく はらう とめる

読み方：バイ かう

つかい方：売買《ばいばい》 パンを買《か》う・買《か》いもの

12画

はんたいのいみの言葉。

「買う」のはんたいは、「売る」だよ。

「売買《ばいばい》」で一つの言葉にもなるよ。

おぼえよう！

店（まだれ） 91ページ

まっすぐ はらう

読み方：テン みせ

つかい方：店長《てんちょう》・書店《しょてん》 店《みせ》で買う

8画

原（がんだれ） 92ページ

とめる はらう はねる

読み方：ゲン はら

つかい方：高原《こうげん》・草原《そうげん》（くさはら） 野《の》っ原《ぱら》・野原《のはら》・原《はら》っぱ

10画

来（き） 92ページ

ながく はらう とめる はらう

読み方：ライ くる・（きたる） （きたす）

つかい方：来月《らいげつ》・来年《らいねん》 友だちが来《く》る

7画

「来」の読み方。

「来る」のときは「くる」

「来ない」のときは「こない」

「来ます」のときは「きます」と読むよ。

読み方がかわるのでちゅういしよう。

ちゅうい！

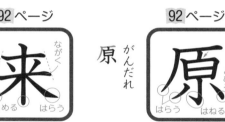

92ページ

風 かぜ

つき出さない・はねる・はらう・とめる

読み方

フウ・(フ)

かぜ・かざ

つかい方

風車《ふうしゃ》(かざぐるま)・風力《ふうりょく》・台風《たいふう》

風《かぜ》がふく・風《かざ》むき

9画

93ページ

雪 あめかんむり

はねる・とめる

読み方

セツ

ゆき

つかい方

雪原《せつげん》・新雪《しんせつ》

雪《ゆき》がふる・大雪《おおゆき》

11画

97ページ

米 こめ

あける・はらう・はらう・つける

読み方

ベイ・マイ

こめ

つかい方

日米《にちべい》・白米《はくまい》

米《こめ》を作る

6画

できかた

「米」のでき方。

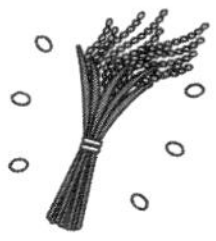

↓ 米

こめのちらばる様子をえがいてできた漢字だよ。

99ページ

歌 あくび けんづくり

とめる・はねる・はねる・はらう

読み方

カ

うた・うたう

つかい方

歌手《かしゅ》・校歌《こうか》

歌声《うたごえ》・みんなで歌《うた》う

14画

ちゅうい！

「歌」の書きじゅん。

「哥」の部分《ぶ》は、

「一(よこ画)」→「口(口を書いて)」→

「亅(たて画)」

これをもう一回くりかえすよ。

99ページ

止 とめる

みじかく・ながく

読み方

シ

とまる・とめる

つかい方

休止《きゅうし》・車が止《と》まる

いきを止《と》める

4画

二回ずつ書いてれんしゅうしよう

歌う

止まる

ものしりメモ

「とまる」「とめる」は「止る」と書かないようにしよう。「止まる」「止める」と、おくりがなに気をつけて書いてね。

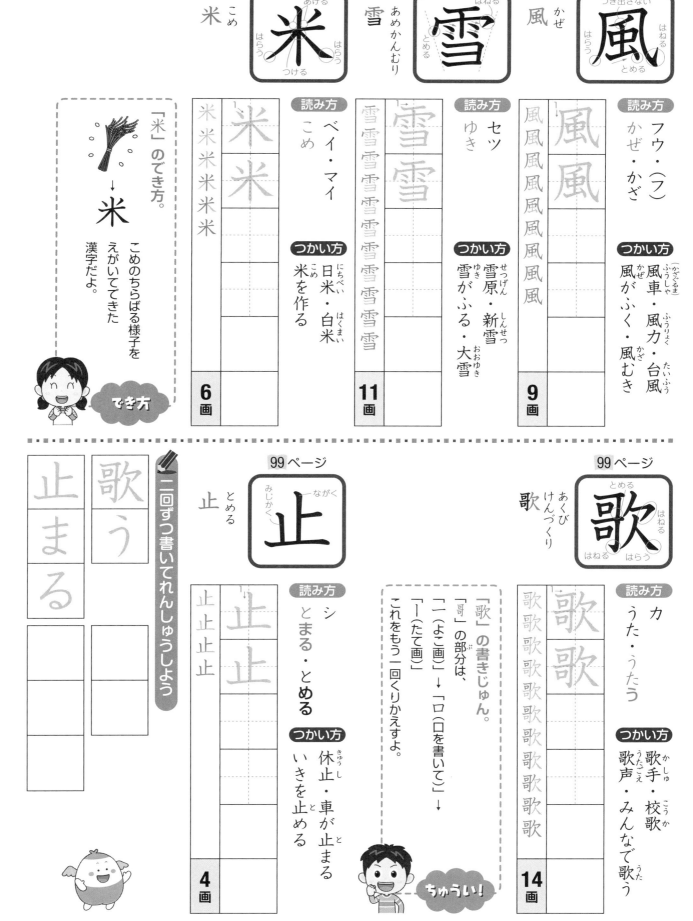

池　104ページ

池　さんずい

池（ながく・はねる・まげる）

読み方
チ
いけ

池池池池池池

6画

つかい方
電池《でんち》・ちょ水池《すいち》
池《いけ》の水

ちゅうい！
同じ読み方で形のにている漢字《かん》。
池（チ）　れい　電池
地（チ）　れい　土地

里　104ページ

里　さと

里（つき出さない・ながく）

読み方
リ
さと

里里里里里里里

7画

つかい方
一里《いちり》づか・里《さと》いも
里山《さとやま》

ちゅうい！
同じ読み方で形のにている漢字。
里（リ）　れい　一里は、やく三千九百メートル。
理（リ）　れい　理由《ゆう》を言う。

寺　104ページ

寺　すん

寺（ながく・はねる）

読み方
ジ
てら

寺寺寺寺寺寺

6画

つかい方
寺社《じしゃ》・寺《じ》いん
寺《てら》をたてる

麦　104ページ

麦　むぎ

麦（ながく・はらう）

読み方
（バク）
むぎ

麦麦麦麦麦麦麦

7画

つかい方
麦《むぎ》のほ・麦茶《むぎちゃ》・小麦《こむぎ》
麦《むぎ》わらぼうし

ちゅうい！
「麦」の形。
○　麦
×　麦
下の部分《ぶ》は「夂」だよ。
「又」ではないよ。

言葉《ば》の文化《か》⑤　かるたであそぼう

京　107ページ

京　なべぶた

京（まっすぐ・ながく・はらう・とめる・はねる）

読み方
キョウ・（ケイ）
―

京京京京京京京京

8画

つかい方
東京都《とうきょうと》・京都《きょうと》・上京《じょうきょう》

ものしりメモ　「京」には、「みやこ」のいみがあるよ。「東京」は「東にあるみやこ」といういみだよ。

れんしゅうのワーク かさこじぞう 言葉《ば》の文化《か》⑤ かるたであそぼう

教科書 下88～107ページ
答え 6ページ

べんきょうした日 月 日

1 新しい漢字《かん》を読みましょう。

① 88ページ もちを（　）買う。
② きねを売る（　）店。
③ 村のはずれの野っ（　）原。
④ 村まで（　）来る。
⑤（　）風が出てくる。
⑥（　）雪にうもれる。

⑦（　）米のもちをつく。
⑧ じぞうさまが（　）歌う。
⑨ うちの前で（　）止まる。
⑩（　）池の中にめだかがいる。
⑪（　）里山のしぜん。
⑫（　）寺のはたけ。

⑬（　）麦がみのる。
⑭ 106ページ（　）東京都《と》にすむ。
⑮（　）原っぱではしり回る。
⑯ あそびに（　）来ない。
⑰ もうすぐ（　）来ます。
⑱（　）里いものかわをむく。

⑲ 麦茶〔　〕を入れる。

ここから はってん

✿⑳ 書店〔　〕に通う。

✿㉑ 来年〔　〕のよてい。

✿㉒ 台風〔　〕にそなえる。

✿㉓ 校歌〔　〕のれんしゅう。

✿㉔ 歌声〔　〕が聞こえる。

✿㉕ うんてんを休止〔　〕する。

✿㉖ 電池〔　〕をかえる。

2 新しい漢字《かん》を書きましょう。〔　〕は、おくりがなも書きましょう。

88ページ

① パンを〔　〕《かう》。

② □《みせ》に入る。

③ □□《のはら》で花をつむ。

④ あそびに〔　〕《くる》。

⑤ □《かぜ》がふく。

⑥ □《ゆき》がふる。

⑦ □《こめ》を食べる。

⑧ みんなで〔　〕《うたう》。

⑨ とけいが〔　〕《とまる》。

⑩ □《いけ》の中のこい。

⑪ □□《さとやま》の生きもの。

⑫ □《てら》のかねがなる。

✿の漢字は新出漢字のべつの読み方です。

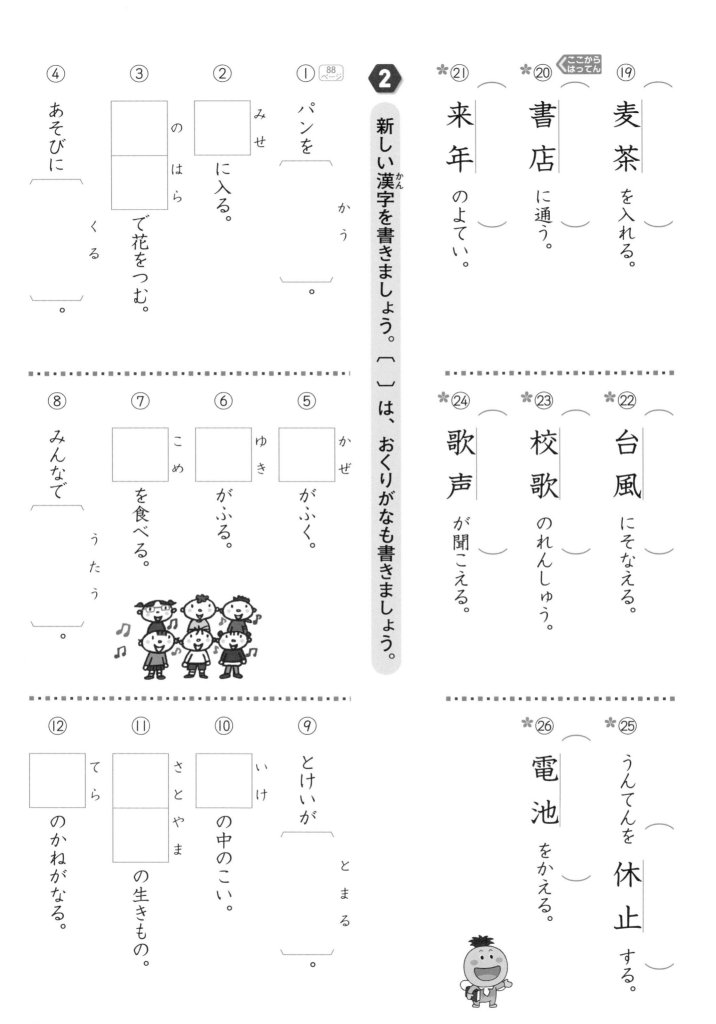

⑬ □《むぎ》のはたけが広がる。

⑭ 106ページ □□《とうきょう》都《と》のおみやげ。

⑮ □《はら》っぱにねころぶ。

⑯ □□《むぎちゃ》をのむ。

*⑰ ここから はってん □□《しょてん》で本をさがす。

*⑱ □□《らいねん》は九さいになる。

*⑲ □□《たいふう》が近づく。

*⑳ うつくしい□□《うたごえ》。

*㉑ おもちゃの□□《でんち》。

3 漢字で書きましょう。（〰は、おくりがなも書きましょう。太い字は、この回でならった漢字をつかった言葉《ば》です。）

① みせでこめをかう。

② ともだちがとうきょうにくる。

③ むぎのほがかぜにゆれる。

④ さとやまにゆきがふる。

⑤ でんしゃがとまる。

⑥ てらにふるいいけがある。

七 思い出をくわしく書いて、読みかえそう

きほんのワーク

言葉《ば》の広場⑤ 主語《しゅ》とじゅつ語／こんなことができるようになったよ
言葉の広場⑥ 音や様子《よう》をあらわす言葉

教科書 下 110～121ページ

べんきょうした日 月 日

言葉の広場⑤ 主語とじゅつ語

111ページ

番 た
（とめる・はらう・はらう）

読み方 バン ―

つかい方 当番《とうばん》・交番《こうばん》 番《ばん》をまつ

12画

111ページ

雲 あめかんむり
（はねる・とめる・ながく・とめる）

読み方 ウン くも

つかい方 雲海《うんかい》・暗雲《あんうん》 いわし雲《ぐも》・雨雲《あまぐも》・空の雲《くも》

12画

「雨」のつく漢字《かん》。
「雨」は、雨にかんけいのある漢字につくことが多いよ。
「雨」のつく漢字…雲 雪 など。

おぼえよう！

こんなことができるようになったよ

115ページ

走 はしる
（つける・ながく・はらう）

読み方 ソウ はしる

つかい方 競走《きょうそう》・百メートル走《そう》 車が走《はし》る

7画

形のにている漢字。
走（はし-る） れい みんなで走る。
歩（ある-く） れい ゆっくり歩く。

ちゅうい！

一回ずつ書いてれんしゅうしよう

当番 走る

116ページ

直

直 め

つける・おれる・ながく

読み方
チョク・ジキ
ただちに・なおす
なおる

つかい方
日直《にっちょく》・正直《しょうじき》
直《ただ》ちに行う・文を直《なお》す

8画

でき方
「直」のでき方。
「十」(とお)と「目」(め)と「乚」(かくす)とを合わせた漢字だよ。十の目で見ればかくせないことから「まっすぐ見る」のいみがあるよ。

119ページ

用

用 もちいる

はらう・つき出す・はねる

読み方
ヨウ
もちいる

つかい方
用紙《ようし》・用意《ようい》・画用紙《がようし》
はさみを用《もち》いる

5画

ちゅうい!
「用」の形。
○ 用
× 円
たての画は下につきぬけるよ。

120ページ

鳴

鳴 とり

小さく・てんのむき・はねる

読み方
メイ
なく・なる
ならす

つかい方
悲鳴《ひめい》・鳥が鳴《な》く
かねが鳴《な》る

14画

でき方
「鳴」のでき方。
口 + 鳥 = 鳴 だよ。

新しい読み方をおぼえる漢字

121ページ
鳴《な》る
鳴《な》る

二回ずつ書いてれんしゅうしよう

直す　用紙　鳴く

ものしりメモ 「鳴く」は、鳥や虫など、どうぶつがなくときにつかうよ。人がかなしかったり、うれしかったりしてなくときには、つかわないよ。

れんしゅうのワーク

言葉の広場《ば》⑤ 主《しゅ》語とじゅつ語／こんなことができるようになったよ
言葉の広場⑥ 音や様《よう》子をあらわす言葉

教科書 下110～121ページ
答え 6ページ

べんきょうした日　月　日

1 新しい漢字《かん》を読みましょう。

① (110ページ) そうじ当番（　）。
② いわし雲（　）が広がる。
③ (114ページ) たこをもって走（　）る。
④ 文章《しょう》を直（　）す。
⑤ げんこう用紙（　）をつかう。
⑥ (120ページ) 子ねこが鳴（　）く。
⑦ 風でまどが鳴（　）る。
⑧ 交番（　）にとどける。
⑨ 雲（　）を見上げる。
✿⑩ ここからはってん 百メートル走（　）。
✿⑪ きょうの日直（　）。

2 新しい漢字を書きましょう。〔　〕は、おくりがなも書きましょう。

① (110ページ) きゅう食□□（とうばん）。
② そら一面《めん》のいわし□（ぐも）。
③ (114ページ) はやく〔　　〕（はしる）。

✿の漢字は新出漢字のべつの読み方です。

④ 字を正しく［　　］《なおす》。

⑤ げんこう□□《ようし》に書く。

⑥ 120ページ 小鳥が［　　］《なく》。

⑦ かねが［　　］《なる》。

⑧ □□《こうばん》のおまわりさん。

✲⑨ ここから はってん 百メートル□《そう》の記ろく。

✲⑩ 

□□《にっちょく》のしごと。

3 漢字で書きましょう。（〜〜は、おくりがなも書きましょう。太い字は、この回でならった漢字をつかった言葉です。）

① **とうばん**をこうたいする。

② あおぞらに**くも**がうかぶ。

③ まいあさ、あにと**はしる**。

④ こわれただいを**なおす**。

⑤ げんこう**ようし**をかう。

⑥ あきになるとむしが**なく**。

きほんのワーク

漢字《かん》の広場⑥ 組み合わせてできている漢字／一年生で学んだ漢字④
アレクサンダとぜんまいねずみ

教科書 下122〜143ページ

べんきょうした日 月 日

漢字の広場⑥ 組み合わせてできている漢字

122ページ
明（ひへん）
小さく　はらう　はねる
読み方：メイ・ミョウ／あかり・あかるい・あかるむ／あからむ・あきらか・あける／あく・あくる・あかす
つかい方：発明《はつめい》・せつ明《めい》・明朝《みょうちょう》／明《あか》るい月・夜が明《あ》ける
8画

「明」のおぼえ方。
「日」＋「月」だよ。
「日や月の光がてらして明《あか》るい」とおぼえよう。

122ページ
刀（かたな）
つき出さない　はらう　はねる
読み方：トウ／かたな
つかい方：日本刀《にほんとう》／むかしの刀《かたな》・小刀《こがたな》
2画

アレクサンダとぜんまいねずみ

132ページ
午（じゅう）
つき出さない　ながく
読み方：ゴ／—
つかい方：午後《ごご》・午前《ごぜん》・正午《しょうご》
4画

142ページ
黒（くろ）
ながく　てんのむき
読み方：コク／くろ・くろい
つかい方：黒板《こくばん》・白と黒《くろ》・黒《くろ》まめ／黒《くろ》いかみ
11画

新しい読み方をおぼえる漢字

123ページ
明《あ》ける
夜《よ》明《あ》け

れんしゅうのワーク

漢字《かん》の広場⑥　組み合わせてできている漢字／一年生で学んだ漢字④
アレクサンダとぜんまいねずみ

べんきょうした日　月　日

1 新しい漢字を読みましょう。

① 122ページ 日本人が発《はっ》明（　　）する。

② むかしの刀（　　）が見つかる。

③ 夜明（　　）け前におきる。

④ 126ページ ある日の午後（　　）。

⑤ 黒（　　）のクレヨン。

⑥ くわしくせつ明（　　）する。

⑦ 小刀（　　）で木をけずる。

⑧ 午前（　　）六時におきる。

⑨ 正午（　　）にかねが鳴る。

⑩ 黒（　　）まめを食べる。

ここからはってん

✿⑪ 明朝（　　）の天気。

✿⑫ へやの明（　　）かり。

✿⑬ 明（　　）るい光。

✿⑭ 明（　　）らかにちがう。

✿⑮ りっぱな日本刀（　　）。

✿⑯ 黒板《ばん》（　　）に字を書く。

✿⑰ 黒（　　）いシャツをきる。

✿の漢字は新出漢字のべつの読み方です。

2 新しい漢字《かん》を書きましょう。〔　〕は、おくりがなも書きましょう。

① 122ページ エジソンの発《はっ》□《めい》。

② むかしの□《かたな》をみがく。

③ 〔　　〕《よあけ》のそらを見る。

④ 126ページ □□《ごご》から晴れる。

⑤ □《くろ》の絵のぐをつかう。

⑥ かんたんにせつ□《めい》する。

⑦ □□《こがたな》をつかう。

⑧ □□《ごぜん》九時に店があく。

⑨ □□《しょうご》にまち合わせる。

ここからはってん

✿⑩ へやが□《あか》るい。

✿⑪ 長い□□□《にほんとう》。

✿⑫ □《こく》板《ばん》に答えを書く。

3 漢字で書きましょう。（～～は、おくりがなも書きましょう。太い字は、この回でならった漢字をつかった言葉《ば》です。）

① アイデアが**はつめい**を~~うむ~~。

□

② ~~ふるい~~**かたな**がある。

□

③ **ごご**に**とも**だちと~~あう~~。

□

4 一年生で学んだ漢字

一年生でならった漢字を書きましょう。

① □《そら》をとぶ。

② □《ゆう》□《ひ》がしずむ。

③ □《やま》が見える。

④ しずかな□《もり》。

⑤ □《はやし》の中に入る。

⑥ □《おんな》の□《こ》が歩く。

⑦ □《おとこ》の□《こ》がまえにいる。

⑧ 広い□《た》んぼ。

⑨ □《はな》がさく。

⑩ □《あか》や黄色のはな。

⑪ □《くさ》がはえる。

⑫ □《みぎ》にまがる。

⑬ □《ひだり》をむく。

⑭ 東□《まち》一ちょう目。

⑮ □《むら》のけしき。

⑯ □《くるま》にのる。

⑰ くるまの色は□《あお》だ。

2年 しあげのテスト❶

じかん 20ぷん

とく点 /100点

べんきょうした日 月 日

答え 7ページ

1 ――線の漢字《かん》の読み方を書きましょう。 一つ2（24点）

① 店（　）でパンを買（　）う。

② 野原（　）に春が来（　）る。

③ 風（　）がふき、雪（　）がふる。

④ 寺（　）に小さな池（　）がある。

⑤ 走（　）っていた車が止（　）まる。

⑥ げんこう用紙（　）の文章《しょう》を直（　）す。

2 □に漢字を書きましょう。（〔　〕は漢字とおくりがなを書きましょう。） 一つ2（24点）

① 魚を〔　〕《うる》。

② □《こめ》を作る。

③ 姉が〔　〕《うたう》。

④ 広い□□《とち》。

⑤ □□《さとやま》の草花。

⑥ □《むぎ》のはたけ。

⑦ □□《とうきょう》へ行く。

⑧ そうじ□□《とうばん》。

⑨ いわし□《ぐも》。

⑩ せみが〔　〕《なく》。

⑪ □《かたな》をかざる。

⑫ □□《ごご》三じ。

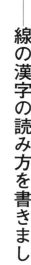

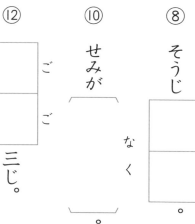

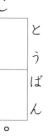

3 つぎの漢字の——線の読み方を書きましょう。　一つ2（20点）

① 明
1 十年前の発明《はつめい》。（　　）
2 明朝の天気。（　　）
3 ひがしの空が明るい。（　　）
4 月の明かり。（　　）
5 明らかにする。（　　）
6 年が明ける。（　　）

② 黒
1 教室の黒板《ばん》。（　　）
2 黒の絵のぐ。（　　）

③ 直
1 日直のしごと。（　　）
2 きげんが直る。（　　）

4 つぎの漢字の赤字のところは、何画めに書きますか。（　）に数字で書きましょう。　一つ2（4点）

① 用（　　）画め　② 店（　　）画め

5 形のにている漢字に気をつけて、□に漢字を書きましょう。　一つ2（16点）

① □《うし》かい・□《ご》前中
② □《さと》いも・□《り》りょう
③ □《ちから》持《も》ち・小□《がたな》・自□《ぶん》・大□《せつ》

6 二つの漢字を組み合わせて、一つの漢字を作りましょう。　一つ2（12点）

① 田＋心→□
② 口＋鳥→□
③ 女＋市→□
④ 言＋十→□
⑤ 止＋少→□
⑥ 日＋寺→□

2年 しあげのテスト②

1 ――せんの漢《かん》字のよみかたを書きましょう。 一つ1（12点）

① 今度《ど》（　　）、わか草色（　　）のふくをきる。

② 父さん（　　さん）の絵（　　）をかく。

③ 母さん（　　さん）と朝市（　　）にいく。

④ 海中の岩（　　）あなに魚（　　）がいる。

⑤ しずかに教室（　　）の戸（　　）をしめる。

⑥ 多（　　）くのベルが一どに鳴（　　）る。

2 □に漢字を書きましょう。（〔　〕は漢字とおくりがなを書きましょう。） 一つ2（24点）

① 大きな□《こえ》。

② □《なに》かがある。

③ 文を〔　　〕《つくる》。

④ 正しい〔　　〕《こたえ》。

⑤ よく〔　　〕《かんがえる》。

⑥ 犬が〔　　〕《ふとる》。

⑦ □□《げんき》になる。

⑧ □《からだ》をうごかす。

⑨ □《かお》をふく。

⑩ □□《まいにち》つづく。

⑪ 馬が〔　　〕《はしる》。

⑫ 字を〔　　〕《なおす》。

こたえ 7ページ

時間 20分

とく点 /100点

べんきょうした日 月 日